Tb55.1219.

AF499959

DÉMOCRATIE

ET SOCIALISME

DÉMOCRATIE

ET SOCIALISME

QUELQUES RÉFLEXIONS AUX ÉLECTEURS DE LA HAUTE-LOIRE A L'OCCASION DE CES DEUX MOTS,

R.F. IMPRIMÉS.

PAR LE DOCTEUR MOURET.

PUY.

IMPRIMERIE DE A. AUDIARD, DIRIGÉE PAR
AUDIARD-BONNET.
Boulevard Saint-Louis, 173.

1849.

1850

DÉMOCRATIE
ET SOCIALISME.

La pauvreté ne sera plus séditieuse quand l'opulence ne sera plus oppressive.

LOUIS-NAPOLÉON BONAPARTE.
(De l'Extinction du Paupérisme.)

Dieu fit la liberté,
Les hommes l'esclavage.

La lutte s'engage : les adversaires de la démocratie, revenus de leur surprise, organisent un parti hostile à la République.

L'amour-propre froissé des hommes politiques considérables de l'ancienne opposition, des anciens conservateurs importants, des Chauvins surtout, va devenir un danger.

La révolution, en passant sur la tête de ces hommes, a dédaigné leur concours et repoussé de prime-abord leurs suspectes individualités; ils ne pardonneront pas, et les mauvais senti-

BIBLIOTHÈQUE NATIONALE R.F. IMPR.

ments de l'humaine nature brûlent le cœur de ceux qui veulent se venger d'un pareil affront.

Voilà la plus puissante des causes de cette réaction formidable qui, libre d'appréhensions, vient aujourd'hui livrer bataille au principe démocratique.

C'est le moment pour les hommes de cœur d'entrer en ligne, c'est le moment pour les plus obscurs soldats de la démocratie d'opposer encore leurs faibles résistances au courant dangereux de la réaction ; c'est surtout quand elle paraît sur le point de triompher que les plus faibles efforts peuvent avoir leur prix.

A ce titre seul, je prends la plume pour traiter sommairement deux mots du nouveau vocabulaire, *Démocratie et Socialisme*. Je le ferai en toute liberté, comme un homme de modération peut le faire, appuyé sur sa conscience. Je ne fais appel a aucun sentiment ardent de lutte, je la désire pacifique et grave ; mais à ces titres, je me réserve le droit d'étudier en toute liberté ces deux questions que soulève la discussion de chaque jour.

J'accepte, pour ma part, l'œuvre de l'Assemblée Constituante, ainsi que le produit du suffrage universel dans les hautes fonctions de la République. Si jamais la violation de la Constitution amenait des malheurs publics, que toute la responsabilité en retombe sur la tête de ceux qui auront ainsi tracé le chemin à l'arbitraire des majorités!

Si donc, en dissertant de la forme dans la démocratie pure, je ne trouvais pas l'existence de la Constitution et d'une présidence en rapport avec la logique, il est bien entendu que je ne les discute pas comme des réformes réalisables, avant l'expiration des délais assignés par la première assemblée nationale, mais seulement au point de vue du dogme politique, du progrès et du raisonnement.

Par le fond, ce petit écrit touchera a des questions philosophiques dignes des esprits sérieux; par la forme et la simplicité de ses déductions, il sera à la portée des hommes les moins spéciaux.

Ces deux mots, Démocratie et Socialisme, appellent l'examen sur deux questions presque neuves, on peut le dire, dans notre département, si longtemps plongé dans une quiétude léthargique à l'endroit de la vie politique et des réformes sociales.

En France, les mots ont toujours eu une importance très grande, trop grande dans nos débats; cette importance s'accroît encore quand les lieux dans lesquels ils sont répétés comme par un écho sont plus éloignés des centres éclairés qui les discutent chaque jour.

Je viens donc définir *Démocratie* et *Socialisme*, non pour le vain plaisir d'ajouter quelque chose au dictionnaire politique, mais bien pour limiter à leur juste valeur et au point de vue du parti auquel j'ai l'honneur d'appartenir, leur signification appropriée; rendre leur valeur glossologique rigoureuse aussi bien que leur nuance comme drapeau; faire taire quelques calomnies, répandre quelques vérités, faire revenir de quelques erreurs, exciter la controverse sur des questions trop négligées par les paresseux, les somnolents et les égoïstes de tous les partis.

En attendant que cette petite brochure aille alimenter le panier, je me trouverai heureux si elle m'attire quelques encouragements ou quelques horions, ce que je promets d'un et d'autre recevoir avec la plus grande reconnaissance.

A cette brochure, en succèdera une seconde sous le titre de *Développement*, celle-ci étant exclusivement destinée à traiter sommairement des principes.

La France est née pour la forme républicaine; l'esprit de libéralisme, d'indépendance, et, disons-le, de fierté naturelle, propre au caractère Français, en fait un peuple destiné à donner au monde l'exemple de l'affranchissement par la Liberté, du nivellement par l'Egalité.

Sous le régime aristocratique qui vient de tomber, quelques hommes représentaient la France. Ce semblant de représentation, réservé aux classes privilégiées, les gorgeait depuis quinze ans des dépouilles du travailleur. L'argent de l'Etat coulait à pleins bords par leur canal jusqu'aux racoleurs électoraux bien pensants ou ralliables. Cette curée honteuse avait tellement repu les classes privilégiées, que dégoûtées elles-mêmes et humiliées de ce tripotage, elles ont laissé s'accomplir la Révolution de février sans oser risquer une démarche pour la combattre.

Est-ce à dire que la République les a tous ralliés? ce serait une erreur de le penser. Et si quelques-uns ont accepté le fait accompli comme le seul moyen d'éviter la colère du peuple, longtemps traité en paria, leur adhésion n'est qu'une nécessité et point un dévouement. Ces patriotes acceptent la République comme les légitimistes avaient accepté le gouvernement de juillet, en attendant mieux.....

La démocratie a donc contre elle un parti considérable, un parti qui, de nouveau revenu dans les rouages des services publics, y puise de puissants moyens d'action. Et qui ne sent pourtant que hors de la République il ne reste que l'anarchie? et qu'un coup d'Etat c'est la guerre civile sans issue! Il faut donc que le parti démocratique ne laisse, dans cette occurrence, ignorer à ses adversaires aucun de ses moyens, et les désarme, s'il le peut, avant le combat en leur montrant jusqu'où irait sa résistance. Nous arrivons aux principes.

Toute société constituée a reconnu, comme nécessité d'existence, des droits imprescriptibles a son souverain : cela a été et sera toujours une condition indispensable dans l'organisation, afin qu'une majorité ou factice ou même réelle ne puisse livrer au hasard et à l'instabilité de chaque jour la forme du gouvernement, la vie propre de l'Etat.

Tantôt les droits dits inviolables du souverain résidaient dans l'élévation d'un chef au pouvoir suprême et lui étaient conférés à temps ou à vie, comme en Pologne, par le suffrage de certaines classes.

Tantôt ils étaient attachés à un véritable maître, dont l'Etat était la propriété, comme elle devenait celle de ses enfants quand sa succession l'ouvrait. Ce droit de succession ne reconnaissait rien au-dessus de lui que Dieu, et se qualifiait lui-même de *droit divin*.

Dans les anciens gouvernements à forme

démocratique, le peuple, appelé plus ou moins intégralement à la puissance politique, la déléguait pour un temps; l'acte de souveraineté était garanti et reconnu dans le droit du citoyen actif et la liberté de son vote.

Aujourd'hui la France a proclamé la plus radicale des Républiques, en appelant le peuple entier à nommer les représentants de ses volontés et de sa puissance souveraine, en créant la plus complète égalité des citoyens.

Jamais, à aucune époque de l'histoire des peuples, on ne vit un gouvernement aussi démocratique que celui que nous venons de fonder. Jamais, en conséquence, il ne fut plus nécessaire de définir rigoureusement les droits imprescriptibles du souverain peuple, de proclamer son inviolabilité, caractère inséparable de toute souveraineté. Il le faut absolument, afin de donner à cette dernière œuvre perfectionnée des gouvernements démocratiques la stabilité qui, sans cela, lui ferait pleinement défaut, et empêcher que le jeu flottant des majorités ne puisse chaque jour mettre son existence en question.

Donc, en procédant logiquement, le premier besoin de la société, la première garantie de stabilité, c'est une déclaration rigoureuse des droits du citoyen, de ses droits naturels, inaliénables, imprescriptibles, divins, contre lesquels aucune majorité ne pourra jamais prévaloir. Il convient d'enlever, dans le nouvel ordre de choses, toute possibilité de lutte, d'oppression, de combat, d'insurrection ; l'instabilité étant la pire condition d'une nation organisée.

Pour cela, deux choses sont indispensables ; c'est que le souverain soit inviolable dans ses fonctions souveraines et que les droits des minorités soient aussi sacrés que ceux des majorités, qui, sans cela, deviennent oppressives. Pour que les nouvelles majorités, se créant dans l'organisation et le développement de la démocratie, ne tendent à leur tour à l'oppression des minorités, il faut que les majorités déclarent elles-mêmes, comme principe inviolable et supérieur à toute constitution, quels sont les droits contre lesquels les majorités ne sauraient prévaloir.

La Constitution de 1848 reconnaît à l'homme des droits antérieurs et supérieurs à toute loi positive. Toutes les Constitutions ont fait la même déclaration ; mais au lieu de définir *uniquement* quels étaient ces droits supérieurs et antérieurs aux lois, elles les ont énumérés dans une série d'articles qui ne s'appliquent qu'aux droits qu'elles établissent elles-mêmes, au lieu de se borner à constater ceux qui étaient inhérents à la nature humaine.

L'homme a des droits supérieurs à tous les droits, une loi de sa nature supérieure et antérieure à toutes les lois. Cela lui constitue des droits dont aucune majorité, quelque immense qu'elle soit, ne peut priver la minorité! Car tant qu'un droit naturel, inaliénable, est enlevé à la minorité par la majorité, le régime de la violence règne et le droit d'insurrection naît dans toute sa plénitude.

La déclaration des droits est donc la sauvegarde indispensable des minorités, leur tribunal suprême, le dernier appel des opprimés, la menace toujours vivante contre les oppresseurs, la loi de Dieu; enfin, le véritable *vox populi*.

Tant que le peuple entier n'a pas été appelé à l'exercice de ses droits politiques, les majorités ont pu s'insurger contre les minorités privilégiées, en vertu du droit dont elles étaient frustrées.

Aujourd'hui que tout citoyen est actif, l'insurrection n'est plus justifiable, contre la volonté des majorités, que dans deux cas : le premier serait la violation d'un droit naturel, le second la violation de la Constitution, cette première loi de transaction écrite par l'Assemblée Constituante pour lier le passé à l'avenir, ce moyen terme d'observation créé momentanément par la sagesse de la France, entre un passé brisé et un avenir à édifier. En dehors de ces cas, ce serait le régime d'exception des minorités opprimant les majorités; l'insurrection n'est plus justifiable, elle devient un crime puisqu'elle rétablirait le régime de l'oppression et légitimerait le succès de la force, de la violence. Or, ce régime d'exception, qui a été si longtemps la règle, doit disparaître pour toujours. C'est en cela surtout que le démocratisme est le règne de l'ordre et de la fraternité, puisqu'il supprime les révolutions, avec les causes de révolte possible contre une autorité née des priviléges!

Donc, je le répète, la déclaration des droits naturels est la pierre d'achoppement, la soupape de sûreté du mécanisme démocratique!

J'entends un interlocuteur qui me dit : « Prenez garde! une déclaration des droits n'est » et ne peut être qu'une transaction entre les » partis, et la majorité doit toujours avoir le » droit, comme elle a la force et la puissance, » de vous contraindre à modifier le pacte!! » Avec le suffrage universel, les majorités seules » ont raison, et les minorités qui s'insurgent » sont hors la loi, on ne les comprend plus. »

Cela se répète souvent, et il est temps, enfin, de répondre à cet estimable interlocuteur que je rencontre dans toutes les nuances des partis, et de voir si la thèse contraire n'est pas quelquefois la vérité. Il est temps de démontrer que les minorités opprimées dans leurs droits, ont celui de s'insurger contre la majorité du suffrage universel, et de réclamer même par violence ce qu'on leur refuse par déni de justice.

PRENONS QUELQUES EXEMPLES SAILLANTS.

Je suppose que dans un empire démocratique, composé de 40 millions de citoyens, le sol pauvre et insuffisant, ne fournissant les matériaux de l'existence que d'une manière parcimonieuse, une majorité, composée de 30 millions, décidât que dix millions d'individus seront réduits à la moitié du nécessaire, afin que la majorité jouisse du nécessaire tout entier, que penseriez-vous de la légalité de la mesure?

J'entends les plus timorés me répondre : « Ceci est bien différent, il s'agit de la vie » matérielle, cela ne se conteste pas, et dans » le cas que vous posez, si un seul individu » était l'objet de l'oppression de la société » entière, ce citoyen seul aurait le droit de » protester, puis de s'armer pour sa cause, de

» faire sa barricade et de résister à la force
» qui se présenterait pour le contraindre. »

Puisque cet exemple est tellement frappant, qu'il ne se discute pas, prenons-en un second:

Je suppose que dans un empire démocratique, composé de 40 millions de citoyens, dix millions possédant en propre la totalité du territoire, les trente millions, qui ne possèdent rien, délibèrent, eux majorité, que les dix millions de propriétaires seront dépossédés au profit de la communauté; comment considèrerez-vous la légalité de cette volonté?

Le même interlocuteur me répond :

« Mais, monsieur, les dix millions de la mi-
» norité ont le *droit* de posséder ce qui leur
» appartient sans partage, car la propriété léga-
» lement acquise est un droit incontestable;
» et si les dix millions de propriétaires se
» voyaient dépossédés par les 30 millions de
» propriétaires, ils auraient le droit de s'in-
» surger et de résister par la force. »

Il y a donc des cas, ceux de la violation d'un droit naturel, dans lesquels vous accordez, comme nous, que les minorités ont le droit de protester, de lutter, de s'insurger. Eh bien! citoyen interlocuteur et philosophe, nous entrons évidemment en matière; car nous admettons, comme vous, le droit de propriété;

heureux de vous trouver ce feu à la déclarer inviolable, même par les majorités; vous proclamez avec moi le droit d'insurrection de la minorité! N'oubliez pas la concession que vous me faites.

Cette concession faite du droit insurrectionnel des minorités contre la privation d'un droit naturel, il ne s'agit plus que de définir ceux qui sont incontestables, et nous aurons la déclaration des droits de l'homme; l'arche sainte contre laquelle aucun droit écrit ou imposé ne pourra plus prévaloir; nous aurons la base la plus inébranlable d'un gouvernement incommutable. Ici, peut-être, les républicains sincères, les hommes de foi, vont se séparer des républicains d'occasion, de ceux qui, quoique ayant franchement accepté la République, ne l'ont fait que par des raisons de circonstance, de temps, de nécessité; car je viens soutenir cette thèse, que le gouvernement républicain et démocratique, fondé sur le suffrage universel, *ayant été proclamé*, la minorité républicaine aurait le droit contre une majorité monarchique! le droit jusqu'à la protestation et jusqu'à l'insurrection.

C'est ici que je retrouve mon précédent interlocuteur, et je l'entends me dire :

« Je n'admettrai jamais avec vous, monsieur,

» une pareille énormité. Nous parlions tout-à-» l'heure de propriété, d'aliments et non de la » forme du gouvernement. »

Citoyen interlocuteur, soyons attentifs et discutons ensemble la question; pardon si nous nous élevons un peu, mais le moyen de faire de la philosophie, sans remonter à notre propre origine.

Qu'est-ce que l'homme? C'est le seul animal jouissant de l'exercice de la raison et de la perfectibilité. Donc, Dieu, en le créant, le sépara de suite du reste de la création par ces deux facultés qui lui assurent l'empire de la terre.

Qu'est-ce que la raison? C'est le pouvoir de se déterminer dans un sens ou dans l'autre après réflexion et examen. Cette admirable puissance fait naître pour l'homme deux circonstances qui, sans cela, n'existeraient pas, c'est le bien et le mal; deux choses qui ne sauraient exister pour les animaux, condamnés par le créateur à tourner éternellement dans le cercle invariable de leurs instincts et de leur monotone intelligence.

Quelle est la conséquence forcée de ce choix possible, de cet examen, de cette détermination qui nous porte au bien ou au mal? C'est la liberté! Sans la liberté de choisir, le bien et le mal n'existeraient pas et l'homme serait une bête. La liberté est donc de nature divine! C'est la faculté divine par excellence, jusqu'ici rien n'est moins contestable.

Mais, citoyen, si tant que je reste dans la liberté morale, nous sommes d'accord, je crains que nous nous séparions quand il s'agira de *l'exercice* de cette faculté sublime et divine qu'on nomme la liberté. Soyez donc sur vos gardes.

Un homme est jeté en prison par un tyran; il veut résister, mais il est garotté; il veut lever les mains vers le ciel pour en appeler à Dieu dans un geste de désespoir! De lourdes chaînes le retiennent; pourtant il est libre encore dans son esprit de maudire son persécuteur ou de lui pardonner: voilà la liberté morale, voilà la faculté divine en rapport avec la divinité!

Mais rien ne peut-il prévaloir contre la liberté? Est-il bien vrai que rien ne peut l'atteindre? Que conséquemment la société peut disposer de l'individu sans toucher à sa liberté? Et nier la conséquence de ses applications sociales toujours, sans attenter à la liberté de l'homme jamais? C'est ce que nous allons examiner.

La liberté morale étant une faculté de l'âme qui distingue l'homme dans la création entre toutes les créatures, tout ce qui peut lui porter atteinte est un crime de lèze-humanité, de lèze-divinité, une abomination! Examinons quelles sont les conditions indispensables, et par ce fait inviolables de son exercice :

L'homme ne pense librement qu'à la condition que son organisation matérielle fonctionne dans son intégrité, et, comme la vie ne s'entretient que par les aliments, la liberté ne permet pas, d'abord, de porter atteinte aux matériaux de l'existence.

C'est pourquoi, citoyen, vous m'avez concédé sans examen que nul n'avait le droit de restreindre ou de supprimer les aliments à la minorité. En effet, c'est véritablement de la liberté morale que procède le droit de vivre. C'est de la liberté morale que procède ce droit sacré, incontestable; ce droit de l'individu en société, les aliments.

Si par des injustices, des tortures morales, ou des douleurs physiques insupportables, vous forcez un homme vaincu par la souffrance, à maudire son frère qu'il voulait pardonner, vous faites violence à sa pensée, vous attentez à sa liberté morale; ici nous voyons cette faculté donnant naissance au droit sacré de penser librement, au droit de la plainte.

Passons de la vie individuelle à la vie collective, à la vie en société, à cette existence nouvelle qui règle les rapports, impose des devoirs et confère des droits; à l'existence politique en un mot. Un raisonnement semblable va devenir applicable.

Le premier de tous les droits dans la vie sociale, celui qui est incontestable comme le droit aux aliments pour la vie matérielle, c'est celui de participer au contrat social qui va lier l'individu à l'avenir de la société; car si par la violence ou l'injustice, vous le frustriez de ce droit, vous attentez à sa vie sociale, vous lui supprimez l'aliment de sa vie politique; il n'a pas participé au contrat par lequel vous le liez; dès-lors il n'est tenu à rien envers vous. C'est donc encore de la liberté que naît incontestablement, pour tout individu, le droit du citoyen actif.

La vie de la société, du corps social, est soumise a des règles incontestables, hors desquelles elle est placée dans l'état violent, tout-à-fait de la même manière que le serait l'individu fustré des matériaux de l'existence.

La société organisée, la vie sociale n'est que l'addition des individualités. Toute société donc qui ne sauvegarde pas les trois droits primitifs qui procèdent de la liberté de l'homme serait dans un état violent.

En société l'homme vit de trois existences distinctes :

La vie matérielle qui lui donne incontestablement le droit de manger.

La vie morale qui lui donne incontestablement le droit de penser librement.

La vie sociale qui lui confère incontestablement le droit politique, l'égalité, *l'activité.*

Donc toute société qui ne garantit pas à l'individu, comme animal le droit de manger, comme homme le droit de penser, comme citoyen le droit de voter, est une société malade; le corps social souffre profondément, et la crise qui doit juger cette maladie peut entraîner le malade.

Je le répète, en matière de droits certains incontestables, il n'y a que ceux qui procèdent immédiatement de la nature humaine, en d'autres termes il n'y a d'incontestable que le droit divin. Or il n'y a de droit divin, en politique, que celui qui procède de la raison humaine, du bien et du mal, en un mot de la liberté.

Les bases de mon raisonnement sout donc puisées à la source invariable et sacrée des droits de l'homme, procédant de sa nature même. Tout gouvernement qui n'assure pas à l'individu la vie matérielle, la vie morale et la vie politique, le pain, la pensée et le suffrage, est un gouvernement de convention qui réserve implicitement aux minorités le droit d'insurrection : car le droit divin est violé dans chaque individualité : ce n'est là qu'un gouvernement de fait.

Au contraire tout gouvernement qui garantit l'exercice de ces droits naturels est un gouvernement de droit. Or le fait ne saurait jamais prévaloir contre le droit ! Donc un gouvernement qui retire à l'homme ses droits naturels est un gouvernement de fait qui donne aux citoyens, privés de leurs droits, celui de réclamer, d'insister, de s'insurger ; ils en ont le droit naturel, droit supérieur à tous les droits, que les majorités ne peuvent enchaîner ; car le droit alors lutterait contre le droit, ce qui ne se comprend plus, ce qui est une absurdité.

Je vois l'impatience de mon interlocuteur, je lui cède la parole et j'entends qu'il me dit :

« Mais, monsieur, si la grande majorité vou-
» lait aliéner ses droits, dans l'intérêt même
» de l'immense majorité et n'en priver qu'une
» petite minorité, encore peut-être même pour
» un temps...., enfin si presque tout le monde
» se réunissait à cet avis ? »

Mon cher interlocuteur, la logique n'admet pas de *si* et de *mais* en fait de principes ; ils sont ou ils ne sont pas : et la minorité atteinte dans un droit naturel peut le redemander par toutes les voies possibles, et peut résister à la *contrainte* par la *force* même, cette minorité ne fut-elle que de quelques-uns dans tout un royaume. Tant qu'un individu est l'objet de la violence de la majorité, quelle que soit cette majorité, il a le droit de protester, il est en état de *légitime défense*, il a le droit de résister à outrance?

Mon contradicteur n'y tient plus et m'interromps par cette brève apostrophe : « Jamais » vous ne me ferez avaler cette énormité. »

J'espère bien que si, à la condition que nous continuerons à examiner froidement et sans passion.

Tenez, citoyen, je suppose que vous vous trouvez sur un navire, au milieu de l'Océan, que ce navire vient s'échouer sur un banc : qu'après un mois d'angoisses, les vivres venant à manquer, la famine commence à ravager l'équipage : enfin tout étant mangé jusqu'aux lanières de cuir, on délibère, malgré vous *seul*, que chaque matin un homme sera égorgé, puis mangé; que le lendemain matin le sort vient injustement vous atteindre, que feriez-vous?

« Monsieur, vous me faites frémir, c'est » affreux à se figurer.... Ce que je ferais ?... »—

Oui, on approche, l'un apporte le marteau qui doit vous assommer, l'autre le coutelas qui doit vous écorcher; le moment est suprême!... — «Oh monsieur! je me défendrais! » J'aimerais mieux mourir en luttant, en tuant » moi aussi les cannibales...!» —Calmez vous, citoyen, et raisonnons de ce fait. !

La délibération de l'équipage n'est-elle pas prise à une immense majorité? N'est-elle pas prise dans l'intérêt de tous sans exception, puisqu'il est évident que, si on ne mange un homme chaque jour en attendant un hasard heureux, vous mourrez tous avant peu? Peut-on placer une majorité dans une situation plus excusable, j'allais dire plus légale? — Mon adversaire me répond : j'ai horreur de votre supposition! Jamais, non jamais, je ne concéderai ce droit à votre majorité de mangeurs d'hommes!..

Pour moi cette supposition est l'image de la société de fait. Ici comme là, tant qu'un individu proteste contre la violation d'un droit naturel, la société commet une barbarie, et le citoyen opprimé a le droit de se refuser à tendre les mains aux fers qu'on lui présente. Tout homme a le droit de refuser son sacrifice, et de dire comme vous à l'équipage, souffrons ensemble s'il le faut, mais je repousse votre décision.

Ainsi qu'on a pu le voir par ce qui précède, ce

qui distingue de suite le démocrate raisonnant ses principes, du républicain de circonstance, de *l'adhérent,* c'est que le premier prouve que le suffrage universel est un droit naturel de l'homme en société, et qu'il reconnaît aux minorités privées de ce droit par un gouvernement de convention, le droit non moins incontestable de lutter contre elles. Les majorités ne peuvent donc que réglementer l'exercice de ce droit, mais sans jamais pouvoir attenter au droit lui-même.

Puis, passant de cette question à celle de la forme republicaine, voyons dans l'état fonctionner le suffrage universel et limitons son omnipotence.

Nous avons démontré que les majorités n'avaient pas le droit d'attenter au snffrage universel, nous allons prouver que les majorités nées elles-mêmes de ce droit, ne sauraient avoir qualité pour changer la forme du gouvernement républicain et y substituer celle du gouvernement par un homme, auquel serait déléguée l'autorité, pour un temps qui excèderait la durée des pouvoirs législatifs; encore moins si cette délégation était transmissible par l'hérédité!

Qu'est-ce la liberté de l'homme sans la liberté d'action? C'est simplement la conscience en rapport avec Dieu, c'est la liberté morale.

Qu'est-ce que la liberté politique? c'est la liberté morale mise en action dans le contrat social.

Un citoyen peut-il lui-même enchaîner sa liberté et de sa propre volonté y porter lui-même atteinte? Cela ne se peut que dans des limites fort restreintes de fait et de temps, autour desquelles les lois, la morale, la religion ont tracé un cercle fort rétréci. Mais un autre peut-il enchaîner sans sa participation la liberté d'autrui? Peut-il exiger de son semblable qu'il abandonne sa liberté, parce que lui-même y renonce? Evidemmnt non, en tant que l'on porte atteinte à un droit naturel. Ainsi la majorité aurait beau décider qu'elle cède son avoir à la communauté, la minorité atteinte dans sa liberté sociale, le droit de posséder, ne saurait être engagée par cette déclaration.

Quelles sont les formes de gouvernement qui enchaînent la liberté politique des citoyens? Ce sont toutes celles qui élèvent un pouvoir au-dessus de la souveraineté du peuple ou attentent au suffrage universel : ce sont aussi celles dans lesquelles, tout en réservant le suffrage universel, on élève, soit au-dessus, soit au niveau du pouvoir souverain qui appartient au peuple, un autre pouvoir qui le domine ou qui l'égale!

Or, quand un pouvoir même temporaire serait

donné à un homme, de telle sorte, qu'à lui seul, il pût constituer une résistance équipollente à la puissance du peuple, la liberté n'existe plus dans toute sa pureté, le gouvernement de convention est créé; donc dans ce cas encore la minorité peut ressaisir ses droits injustement aliénés par la majorité : car le gouvernement de droït ne peut attenter à aucun droit naturel : c'est un gouvernement dans lequel le droit n'a, pour ainsi dire, aucunement besoin d'être défini, puisqu'il est écrit dans la nature humaine, dans la conscience de chaque homme, c'est la Démocratie pure. C'est la fin des révolutions politiques, des changemens de forme, c'est la mort des grandes ambitions, c'est le règne de la justice et du droit!

Si nous avons été bien compris, l'on a dû voir que nous faisions dériver de la liberté morale les droits naturels de vivre, de penser librement, pour l'individu, de voter pour le citoyen. Que le droit de suffrage universel pouvant être atteint par la délégation de la puissance temporaire dans son action directe, ou dans les conséquences de cette action, toute forme de gouvernement qui se personnifiait soit dans un homme, soit dans une dualité, soit dans un triumvir, n'était que transitoire sous peine d'attenter à la liberté, à la vraie forme démocratique.

On voit par là, que la clef de l'édifice démocratique c'est la déclaration des droits, restreinte à ceux qui sont dépendants de la nature humaine : car si vous allez au-delà, vous enchaînez injustement l'action des majorités, qui, à leur tour, sont toutes souveraines pour concéder les droits, et prescrire les devoirs qui résultent de la mise en jeu du mécanisme gouvernemental et social.

Pour nous, tous ou presque tous les droits, classés comme naturels à l'homme, dans les déclarations des droits inscrites en tête des Constitutions jusqu'à celle de 1848, sont contestables et sujets à appréciation par la majorité, car ils sont variables : si vous étendez la signification des mots *droits de l'homme* aux droits en dehors de sa nature, vous tombez dans d'inextricables embarras. En effet, dans son acception propre, le droit du citoyen c'est *tout ce que les lois accordent.* Or, il est imprudent de définir et de classer dans les droits, des choses que l'intérêt public peut faire varier si souvent; parce que ne procédant pas de la nature humaine, n'ayant une fonction absolue nulle part, rien ne doit pouvoir lier les majorités dans leur volonté de modifier, restreindre, élargir, etc.

Je voudrais donc que toutes les Constitutions démocratiques se bornassent à ceci :

La liberté est de droit naturel ; elle donne, pour conséquences indestructibles, à l'homme réuni en société,

LES DROITS.	LES CONSÉQUENCES.
1° *Le droit de vivre ;*	*Droit du travail.* *Droit de propriété.*
2° *Le droit de penser ;*	*Liberté de la presse.* *Liberté de l'enseignement*
3° *Le droit de voter.*	*Démocratie pure.* *Progrès incessant.*

Contre ces droits invulnérables, aucune majorité ne peut prévaloir. Ils fondent éternellement la République démocratique et le progrès social ; la Révolution est finie, la vraie stabilité politique est trouvée, la pondération démocratique règne !

Voilà à quoi doit se borner une déclaration des droits de l'homme, afin d'enlever aux caprices des majorités le dangereux amour-propre de créer chaque jour un gouvernement nouveau, et afin aussi de laisser entièrement aux majorités ce qui leur appartient essentiellement, l'appréciation et la modification incessante de tout ce qui peut servir le progrès ou les besoins politiques.

Les républicains se préoccupent donc, avant tout, de fonder un gouvernement dont la base inebranlable, assise sur la plus belle prérogative dont Dieu ait gratifié l'homme, ne soit plus sujet à aucune variation de principes; car les révolutions épuisent les sociétés, et à chaque enfantement nouveau, la France porte longtemps dans ses flancs meurtris et déchirés une souffrance maladive.

Voyons maintenant comment, avec les principes que nous avons résumés dans la déclaration pure des droits, les révolutions politiques doivent disparaître pour toujours.

La condition essentielle pour que le principe imprescriptible et inaliénable de la liberté politique puisse s'exercer pleinement et entièrement, sans jamais donner naissance à une révolution, c'est que le droit des minorités, pas plus que celui des majorités, ne puisse être enchaîné par un pouvoir qui le domine ou l'égale.

Eh bien! je mets au défi le plus subtil argumentateur de me prouver que là où la puissance est déléguée pour un temps *déterminé*, au profit d'une autorité qui devient assez puissante pour lutter contre les majorités qui l'auront élue, il n'y a pas atteinte à la liberté souveraine et impasse créée à la logique politique républicaine? N'avons-nous pas vu dans ces derniers temps l'Assemblée constituante en butte au mauvais vouloir du pouvoir exécutif?

Ne lui a-t-on pas chaque jour présenté la bataille? Et sans sa sagesse, selon quelques-uns, sans sa faiblesse, selon quelques autres, n'eût-elle pas été contrainte de mutiler à sa naissance notre mécanisme politique?

Ce que je dis d'un président il faut le dire d'une Constitution. A quoi bon une Constitution, quand le peuple, toujours debout dans la personne de ses représentants, peut chaque jour formuler le progrès? Qu'est-ce que ce temps d'arrêt volontaire imposé à la marche incessamment perfectible de l'esprit?

Supposez un chef nommé pour quatre ans, un roi, un président, peu importe le mot; supposez d'autre part une Constitution votée pour un temps semblable et *inviolable*, nul, ainsi qu'à l'arche sainte, n'a le droit d'y toucher!

Qu'arrive-t-il dans ce mécanisme? c'est que si la majorité, qui a la puissance, est impatiente d'adopter une politique qui peut n'être pas celle du chef, du doge, la lutte est établie et nous avons vu qu'elle a failli éclater, et que le pouvoir exécutif a lassé et vaincu la résistance de la Constituante. Cet exemple s'applique à la Constitution; car si cette même circonstance se présentait, qu'un progrès essentiel à faire, ou qu'un pas en arrière parut momentanément utile, sans attenter au droit démocratique, vous ne le pourriez pas! Vous seriez liés et vous souffririez tous, par votre propre volonté et contre votre propre volonté! C'est de l'imbroglio.

Mais je suppose mieux encore, c'est que l'assemblée et le chef, le roi, le président, le doge peu importe, marchent dans un parfait ensemble de vues, et que des améliorations reconnues excellentes, urgentes mêmes, soient aussi dans le vœu général? Vous serez encore enchaînés les uns aux autres par la constitution, par votre morceau de papier devant lequel vous reculerez comme un idolâtre devant l'image de terre qu'il a lui-même pétrie. Car si vous y touchez, vous donnez à la minorité le droit de la défendre contre vous majorité, et si vous formulez, par exemple, un article comme celui-ci :

ART. V.

La République respecte les nationalités étrangères, comme elle entend faire respecter la sienne. Elle n'emploie jamais ses forces contre la liberté d'aucun peuple....

Et que vous pensiez vous, majorité, qu'il est est de votre devoir d'attenter à la liberté d'un peuple, et que vous le fassiez! Vous donnez à la minorité le droit de vons accuser et de vous combattre! Non seulement vous lui en donnez le droit mais vous lui en faites un devoir.

Or, est-il rien de plus dangereux et de moins utile que d'enchaîner ainsi l'avenir, et de désarmer les majorités dans l'exercice légal, naturel, de leur omnipotence, celle de tout faire en France, hors attenter à un principe politique de droit naturel? Reportez-vous au 10 juin; la constitution a été violée aussi certainement que serait certaine la vue d'un objet matériel? Oui, oui pour *tout* le monde. Qu'est-ce qu'une consitution comme la nôtre? C'est la sauvegarde, le lieu d'asile des minorités. Nul droit ne prime ceux que la constitution a consacrés; donc les minorités avaient le droit d'en appeler au peuple pour le faire juge dans l'attaque portée contre cette constitution qui est sous la protection et le patriotisme de tous les citoyens? Voilà le danger d'une constitution que les majorités violeront chaque fois qu'elles en auront le désir, comme elles ont violé la constitution de 1848 au moins déjà cinq à six fois.

Ne semble-t-il pas ici voir dix individus se rendre chez un notaire pour y dresser un acte d'association et faire insérer au bas ceci : « Cet acte ne » pourra être dissous qu'au bout d'un temps qui » ne saurait être moindre de trois ans, alors » même que nous viendrons tous en demander la » résiliation, la révision ou la cessation de ses

» effets? » En dehors des droits, la majorité c'est tout le monde.

Nous qui cherchons dans la voie démocratique le mécanisme le plus favorable à l'amélioration de toutes les conditions et aussi le moins sujet à dérangement, le plus stable enfin, nous pensons que dans l'ordre politique une chose est indispensable, c'est qu'une forme de gouvernement soit mise au-dessus des majorités, et déclarée inviolable par elles; car si les majorités peuvent vouloir aujourd'hui la République et demain la monarchie, elles peuvent vouloir après-demain la République; c'est le comble de l'absurde.

Mais parmi les formes de gouvernement, la seule qui puisse être déclarée au-dessus des majorités c'est celle qui, justement, fait la plus large part aux majorités elles-mêmes, et qui, le principe réservé, leur livre entièrement le droit de direction.

Donc il suffit de la simple déclaration de principes naturels tels que plus haut nous les avons exposés en quelques lignes, pour que l'ordre soit fondé, et que le progrès se fasse à l'ombre d'un gouvernement devenu immuable.

Il faut l'incarner à l'humanité en la gravant sur tous les monuments, en l'inscrivant en tête de toutes les lois, en la mêlant de mille façons à tous les actes, en la vulgarisant dans tous les enseignements.

Dès ce jour, vous n'avez plus ni roi à vie ou à temps, ni constitution close.

J'entends mon précédent interlocuteur me dire : « Comment, Monsieur, point de président! point » de constitution! Vous êtes donc un démolisseur » enragé, vous voulez une révolution perma- » nente!! » Justement oui, citoyen, seulement le mot est impropre, ce n'est pas *révolution*, c'est *évolution* permanente qu'il fallait dire. En d'autres termes, développement incessant et sans obstacle de la volonté souveraine, mise à l'abri des majorités par la déclaration irrévocable des principes. Le progrès toujours! La reculade ou l'immobilité jamais! Le progrès c'est la vie, l'immobilité c'est la mort. L'esprit humain progresse toujours ; celui qui arrête son mouvement est un imprudent qui met la main sur la volonté de Dieu : trois ans sans progrès dans un temps de régénération!? C'est un siècle, un long siècle d'inertie! Soumettons-nous y toutefois, comme à une nécessité qui doit nous donner le temps d'étudier sérieusement la Démocratie, afin d'opérer, à l'expiration de ce provisoire, un passage réel, entre l'absurde gouvernement qui est tombé et le gouvernement républicain que nous fondons.

Quoi de plus naturel, quand la volonté du peuple s'exerce chaque jour pleinement et sans obstacle, au fur et mesure des besoins intellectuels et matériels du pays, de n'être point lié par une constitution? Une constitution, une charte se comprend entre un souverain et son peuple, là où le peuple abdique, c'est la réserve de ses derniers droits; mais ici elle fera chaque jour naître la lutte. Supprimez-la, et toute résistance cessant, le progrès se fait, les majorités sont souveraines; la lutte cesse, elle est sans objet! Une constitution inviolable, c'est le poids trop grand appliqué sur la soupape d'une machine à vapeur; tant qu'elle jouait sans effort vous aviez une merveille de puissance, vous comprimez son jeu, vous avez une explosion.

Une constitution c'est le code des lois politiques qui régissent une nation : quel avantage peut-il y avoir à enchaîner l'avenir, en déclarant ce code clos et stationnaire? Quel intérêt pour le citoyen, quel avantage pour l'ordre peuvent résulter de ce temps d'arrêt bizarre et injustifiable dont vous frappez la génération qui vous suit? Le code des lois fondamentales doit être toujours ouvert au besoin du progrès et assurer, par son élasticité propre, la solidité du mécanisme.

Le jour où ces idées, sur la logique démocratique, seraient adoptées, le pouvoir législatif nomme les ministres chargés de mettre les lois à exécution, et le président du ministère, chef du pouvoir exécutif, demeure responsable vis-à-vis de l'Assemblée qui le nomme pour un temps illimité : il fonctionne aussi long-temps que la majorité est satisfaite de son zèle et de ses lumières; il tombe le jour où il s'élève entre elle et lui un dissentiment sérieux.

Dès-lors plus d'ambition liberticide rêvant à son profit une révolution habilement préparée et édifiée sur les malheurs publics! Plus de machination habile ou violente faisant sortir d'un coup d'état un consulat, une monarchie, un empire!

Plus de lutte populaire possible divisant les citoyens pour les mettre en révolte les uns contre les autres, ceux-ci comme partisans de l'assemblée, ceux-là comme partisans du président.

La tête commande au bras, il obéit. Il serait curieux de voir tout-à-coup, dans la bizarre organisation d'un homme, que les bras pussent résister ou faire des observations, quand la tête commanderait des mouvements! Quelle anarchie ne résulterait-il pas de cette confusion! L'assemblée du peuple c'est la tête, le pouvoir exécutif ne peut être que le bras : toute autre combinaison plus ou moins mitigée ne saurait se comprendre en Démocratie.

Voilà la forme pure à laquelle nous désirons que l'on arrive un jour; en attendant, peu importe les nuances de l'opinion à cet égard. Des esprits sérieux croient à l'utilité d'un président, d'autres à la nécessité d'une constitution. Nous ne rentrerons pas dans l'examen des raisons que nous avons allégués — à la suite de tant d'autres (1) — pour démontrer que la logique démocratique arrivait à nos idées comme à nos conséquences. Peu importe en ce moment. Tous les Républicains qui admettent les principes et reconnaissent le droit naturel politique dans la forme républicaine, sont réunis sous le même drapeau.

Voilà sommairement les principes démocratiques des hommes de foi républicaine. Ils sont en opposition avec les convictions éphémères qui, laissant au hasard le soin d'édifier une société, acceptent par avance, comme naturel et de droit, tont gouvernement qui viendrait à se formuler par une chambre issue du suffrage universel !! Ils ne s'aperçoivent pas que les majorités changeant avec de nouveaux intérêts, peuvent dans ce système changer chaque jour la forme du gouvernement !

La conviction des Républicains de foi est que le gouvernement démocratique est le seul de droit. Ils ne sauraient accorder que la majorité d'une chambre issue du snffrage universel a le droit de substituer à la République démocratique existante une autre forme de gouvernement. Oui les Républicains convaincus se croiraient dans le

(1) Emile de Girardin et Proudhon ont longuement discuté cette thèse. Nous avons taché de la mettre à la portée des lecteurs de l'atelier.

droit de lutter contre une majorité qui nierait le droit des minorités à rester réqublicaines.

Pour nous il n'y a donc, au point de vue exclusivement politique, ni Républicains modérés, ni Républicains exaltés, il n'y a que des Républicains et des adhérents à la République; mais tout homme qui met en doute le *droit* du gouvernement démocratique, n'a aucun principe fixe et livre au hasard le gouvernement de son pays.

C'est ainsi que s'est posée la question politique dans la Haute-Loire, aux dernières élections. Les hommes dont les sentiments de républicanisme avaient éclaté en février, semblaient maintenant subir le courant puissant de la réaction. D'autres hommes se présentaient qui disaient à la réaction c'est assez, c'est trop: tu humilies la France, tu fais dévier la révolution, tu la compromets, tu l'as compromise, tu la perds!

Ces nouveaux venus, ces rouges comme les avait appelés haineusement la rue de Poitiers, déclaraient repousser le système bâtard des derniers temps de l'assemblée constituante; d'autre part ils déclaraient le gouvernement républicain être de droit naturel, inviolable par les majorités et ajoutaient: « *Si la République est attaquée par la* » *majorité de l'assemblée nouvelle, nous procla-* » *mons la résistance et nous y associons!* »

Si en tête de la profession de foi de quelques

députés sortants, cette déclaration franche et nette fût venue rassurer la conscience des démocrates, je ne doute pas que plusieurs d'entre eux ne fussent restés entourés de nombreuses sympathies républicaines. Mais il n'y avait pas à balancer, la question de principes se posait.

Qu'on se rappelle la situation. Le pouvoir exécutif luttait contre le patriotisme de l'assemblée. Des ministres impossibles sous Louis-Philippe étaient chargés de la politique de la République. La lutte contre les peuples au profit des rois recommençait malgré la majorité de l'assemblée, malgré le sentiment unanime de la nation ! A l'intérieur les destitutions pleuvaient sur les fonctionnaires républicains à quelque ordre qu'ils appartinssent, et leurs places étaient données aux hommes qui soutenaient ouvertement des candidatures significatives et anti-démocratiques.

Le mot de réforme était devenu un épouvantail, l'opinion républicaine une accusation au premier chef; des qualifications insolentes avaient été créées pour désigner, au respect de tous, les hommes de la coalition; c'était l'opinion des *honnêtes gens !!!* Enfin, la réaction triomphante entraînait, avec la puissance de l'autorité, de la hiérarchie, de l'espoir du lucre et d'une apparence de succès prochain, les indécis avec les ambitieux!

Les hommes les moins faits pour s'entendre vivaient d'une politique commune, et coalisés, luttaient d'un effort synergique. La rue de Poitiers, assemblage hétérogène des Barrot, Berryer, Larochejacquelin, Thiers, Montalembert, Cousin, Vieillard, Chambolle, Fould, Victor Hugo, Persigny, Bugeaud, etc., etc., venait de déclarer la guerre.

Tous ces hommes antipathiques se serraient la main, et faisaient un pacte d'alliance contre la République : chacun contribuait de sa bourse à soutenir la réaction et trois cent mille francs étaient bientôt réunis pour soudoyer toutes les plumes à acheter, qui, dans des écrits hideux, dignes des plus mauvais jours de la presse de 93, salissaient de leur encre vénimeuse, les Républicains et la République. (1)

Quel touchant spectacle que celui de cette réunion ! Le *Constitutionnel*, le vieil athée, le voltairien, le prétrophobe, peint pendant 15 ans avec un jésuite à cheval sur le nez, tant sa fureur contre le clergé était ridicule ! Le *Constitutionnel* donnant la main et embrassant les néo-catholiques de la réunion, qui le déclaraient parfaitement moral et religieux, lui, l'infâme éditeur des Mystères et du Juif-errant !

(1) J'en donnerai des extraits dans le chapitre suivant.

M. de Montalembert, le chevalier du Sunderbund, le catholique plein de foi, le defenseur de la liberté absolue de l'enseignement, donnant la main au philosophe panthéiste Cousin, à l'universitaire le plus incurable!

Larochejacquelein, le dernier type de la chevalerie, la tradition vivante du dévouement à ses princes, le preux à l'âme droite comme une épée, ployant sa fierté de caractère sur la tortueuse spirale du politique ambitieux et souple, de Thiers (1), de l'homme qui dédaigne le plus la noblesse! Coalition singulière sans un principe commun!

Que l'on se reporte à cette époque, où les démocrates voyant la République menacée par la réaction triomphante sur tous les points, sentaient bouillonner une nouvelle rèvolution dans les entrailles de la France! Alors on dira incontestablement que les Républicains rouges furent les seuls conséquents, puisqu'ils posèrent la lutte sur le terrain exclusif de leurs principes, l'immutabilité de la République!

La preuve du patriotisme plus qu'équivoque de la rue de Poitiers, nous l'avons aujourd'hui bien élatante, bien frappante : voyez en effet. Là, se trouvaient quelques-uns de ces républicains du lendemain, qui croyent que ce gouvernement peut faire le bonheur de l'état, et qui veulent le

(1) Nous devons à la vérité de dire que M. Larochejacquelein se retira presque aussitôt après la formation.

conserver; eh bien qu'ont-ils fait? Ils se sont séparés de la rue de Poitiers, et, sous les noms de Dufaure et Lamoricière, ont constitué une nouvelle réunion de soixante membres. Et pourquoi se sont-ils séparés? Le manifeste de cette réunion vous l'a dit assez, « c'est pour travailler à l'affer» missement de la République et pour la servir » contre toute *espèce* d'ennemi! » On voulait donc faire toute autre chose rue de Poitiers? Et soixante républicains du lendemain ont su résister : honneur aux républicains du lendemain!!!

C'est qu'ils ont compris qu'en dehors de la question exclusive des principes et du droit, il y avait d'assez bonnes raisons pour conserver la République. Ces raisons sont celles qui procèdent de l'appréciation de ce fait brutal qu'on appelle la force, ce dernier argument de la lutte!

En effet, dans un état composé de *classes* plus ou moins privilégiées, jouissant qui plus, qui moins, de certains droits politiques, de la capacité, du cens qui la représente, vous avez toujours une immense majorité tenue en dehors de l'action politique; c'est le gouvernement par les classes riches ou aisées, c'est le gouvernement constitutionnel. Que faut-il pour qu'un semblable gouvernement se trouve brisé tout-à-coup au milieu de ses majorités parlementaires? Une seule chose, c'est que les prolétaires se comptent! et ils se compteront, soyez-en sûr, à un moment ou à l'autre.

Cette forme de gouvernement a une base si instable, que tous ils sont tombés au moment même où les majorités les plus considérables laissaient croire à une longue stabilité. C'est qu'en effet il suffit que les parlements aient marché trop d'accord avec le pouvoir exécutif pour que le peuple ait craint, se soit ému, se soit compté.

L'entente cordiale d'un parlement et d'un roi est une chose si peu naturelle aux yeux de la multitude, qu'il semblait que les chambres ne fussent faites que pour la lutte contre le pouvoir! Car dès l'instant où il y avait accord, le peuple se croyait trahi, et ce jour là une une révolution renversait et le trône et les majorités!

En principe rien n'est détestable comme la forme constitutionnelle; c'est, sans contredit, la pire espèce de gouvernement inventée entre la monarchie et la République, car elle contient tous les éléments de révolution imaginables. Après le gouvernement divin, théocratique, il n'y a que deux formes de gouvernements possibles. Celle par tous, ou celle par un seul. La République ou le gouvernement absolu. La raison ou la force. Mais comme la force peut faire un jour défaut aux mains d'un roi paternel comme aux mains d'un tyran, il est de toute évidence que la forme démocratique seule stable, seule au-dessus des circonstances de temps, de lieu, de nation, est la dernière évolution politique des peuples, et les prochaines générations verront la République universelle!

Républicains de la veille ou du lendemain, acceptons donc tous franchement la voie qui mène à ce dénouement plus ou moins éloigné mais inévitable. La République ne court de dangers que ceux que lui préparent les restaurateurs de toutes nations. Que les Républicains serrent les rangs contre l'ennemi commun, les rois, qui, revenus de la stupeur dont ils furent frappés en février, se croisent maintenant contre les peuples.

Le czar amène de nouveau ces inombrables cohortes contre la liberté européenne, son manifeste ne laisse à cet égard aucun doute. L'Autriche comprimant ses vingt nationalités, avec l'aide des hommes du Nord, chargera de nouveau les bras de ses *sujets* des fers honteux de la servitude, de la Galicie ensanglantée aux portes de Rome bombardée. Emmanuel, libre de ses appréhensions, fort contre son peuple, reprend chaque jour ses instincts royaux et souille la mémoire du guerrier qui lui donna le jour et qui combattit pour l'indépendance italienne. Le roi de Prusse déclare la guerre à la démocratie allemande, et la diète de Francfort chassée et conspuée, se cache de ville en ville, traquée par les sbires du monarque. Le bombardeur de la Sicile reprend ses premières concessions; ligué avec ses misérables lazaronnes, il rève de nouvelles égorgeries, et de nouveaux pillages sont promis à ces parias, si Naples se réveillait un instant!

Laissez-les de nouveau affermir leur domination de fer sur les peuples! Alors vous les verrez une dernière fois se ruer sur la France; alors vous verrez l'aristocratie britannique mettre ses immenses trésors au service de nos ennemis, et levant le masque, se joindre à eux pour étouffer son éternelle rivale!

Alors vous verrez encore une fois les hordes barbares maîtresses de votre beau royaume, et le cosaque pillard, fumer son chibouque, vautré sous le pérystile du Panthéon : car la droite vous l'a dit dans l'exclamation imprudente de l'un de ses membres, *nous préférons les Cosaques aux Républicains !!* Honte et infâmie snr la tête de cet homme, que son nom soit oublié comme je le supprime ici!

Je sais bien qu'à cette supposition d'envahissement, le cœur vraiment français, à quelque opinion qu'il appartienne, s'émeut, et que le mot patrie trouverait encore de l'écho! C'est que l'on sent bien que le jour où la France sera de nouveau subjuguée par là coalition qui se reforme, les rois en finiront avec elle et la liberté!

Nouvelle Pologne, la France deviendra la proie de cinq à six couronnes qui s'en disputeront les lambeaux, et les journaux de Saint-Pétersbourg écriront cette phrase consacrée : *l'ordre règne à Paris!*

Et les quelques hommes qui ont le courage de préférer les Cosaques aux Républicains seront là, comme en 1814, pour crier : Vive les Cosaques! et étaler aux balcons dorés le drapeau de leur espérance, conservé proprement dans son étui pour ce jour de fête tant désiré.

J'entends dire : la France alors était lasse et la révolution avait tant mécontenté!..... Mais les mêmes raisons seront peut-être invoquées alors; car la France sera lasse quand elle succombera et la démocratie trahie aura aussi mécontenté bien des gens avant de tomber, car elle ne tombera pas sans se défendre!

Au reste, les prétextes ne manquent jamais aux partis. Quels motifs avait le parti du drapeau blanc pour lutter contre la révolution de février, qu'il avait acclamée, tant qu'il avait cru y voir la réalisation d'espérances longtemps nourries! Jamais révolution se fit-elle avec plus de respect pour les droits acquis, pour la propriété, pour les personnes, pour le culte, la religion, le prêtre!

Cela a-t-il empêché que l'on nous combattît ici

avec des candidatures qui, dans des circulaires répandues à foison, attaquaient vivement la République!

L'nn écrivait clairement ses espérances sans réticence et disait qu'il fallait remonter avant 1790 pour y trouver la filière réelle des saines idées politiques.

Un autre silencieusement placé sous la haute protection qui le couvrait, n'avait pour titres à cette confiance, que son dévouement à la légitimité, son intimité avec les Polignac et ses services à la *Quotidienne*.

Un autre disait hautement qu'il n'acceptait rien de la révolution que l'élection de Bonaparte qui en était la protestation; il déclarait l'égalité et la fraternité une injure à la vertu!! et la Démocratie *un non sens*. D'autres hommes se qualifiaient ouvertement de bonapartistes, déguisant peu leurs espérances; telle fut ici la conduite des adversaires de la République.

Quant aux candidatures républicaines des *modérés*, chacune invoquait le dix décembre et Napoléon le Grand *comme la pensée du règne!* Ils ne voyaient donc pas que l'élection du 10 décembre ne fut appréciée comme manifestation réactionnaire et contre-révolutionnaire que par les hommes éclairés des partis tombés, les froissés;

les meurtris, les mécontents, les ambitieux déçus, les royalistes, les Joinville, les Chauvin.

Mais pour l'ouvrier et le paysan il vota au dix décembre pour un souvenir révolutionnaire: la seule souvenance, la seule histoire, la seule poésie, la seule épopée de cette classe d'hommes, c'était le grand nom de la première révolution, c'était la gloire de la première République, le le vainqueur des rois, qui avait donné pour chevet à ses grognards les tapis des pachas d'Egypte, les édredons du Kremlim ou les talus embaumés des Casino de Naples. C'était le sous-officier, le petit caporal, devenu empereur et subjuguant les trônes! Cette élection fut un grand bonheur pour l'avenir de la Démocratie; il restait un nom dangereux, il ne l'est plus! Que de nouvelles élections appellent le même peuple à se prononcer de nouveau et l'on verra que sont devenues les illusions de la poésie populaire!

Il est encore temps de sauver la République. J'adjure tous les Républicains d'oublier des nuances futiles et de serrer les rangs afin de proclamer définitivement le dogme de l'inviolabité de la forme républicaine. La politique, alors conséquente et vraie, aura bientôt donné naissance à la stabilité, à la confiance, à la prospérité. Elle permettra d'étudier avec fruit les réformes qui seules sont capables, sinon de conduire les masses au bonheur, au moins au règne d'une justice distributive qui permette de soulager celui qui souffre : d'adopter l'orphelin, de faire que le vieillard puisse s'éteindre au sein de sa famille et sentir la main d'un fils lui fermer les yeux, au lieu de succomber ignoré dans un coin d'hôpital ; de mettre à l'abri d'un accident le travail de l'homme ; d'alléger les charges trop lourdes, d'améliorer les positions insuffisantes, d'offrir à l'exilé le pain de l'hospitalité ; de faire asseoir au banquet de l'intelligence le génie d'où qu'il vienne à se produire ; d'empêcher que le pauvre ne maudisse la fécondité de la mère de ses enfants ; et que la famille enfin puisse vivre en travaillant, sans être tourmentée par cette envie affreuse qui ronge le malheureux qui souffre, et arme si souvent son bras de la massue de Caïn !

II.

> Le travail est l'usage d'une faculté naturelle. C'est le premier droit de l'homme.
>
> (LOUIS XVI.—21 juillet 1788.)
>
> Aujourd'hui la rétribution du travail est abandonnée au hasard ou à la violence. C'est le maître qui opprime ou l'ouvrier qui se révolte.
>
> (LOUIS NAPOLÉON-BONAPARTE. — *De l'Extinction du Paupérisme.*)

Dans le chapitre précédent nous avons prouvé que la stabilité dans le dogme politique, et le progrès dans la forme, c'était la seule formule rationnelle de l'existence prospère de la société humaine. Nous avons posé nos principes et formulé notre dogme en vue de ces précieux avantages; nous l'avons réduit à uu petit nombre de propositions : République démocratique appuyée sur le suffrage universel; exercice direct de l'autorité par le peuple; inviolabité du souverain dans ces trois droits inaliénables, celui de vivre, celui de penser, celui de voter.

C'est dans ce peu de mots que nous avons pu résumer entièrement notre dogme politique et l'asseoir sur la base la plus inébranlable, les droits naturels de l'homme. Voilà la stabilité du fond.

Le progrès dans la forme n'est plus et ne peut plus être du domaine exclusif de la politique, des principes, du dogme. Ici les majorités vont entrer en fonction et s'inspirant des principes, du dogme et de ses conséquences immédiates, créer le progrès, et mettre en harmonie, chaque jour, les hommes, les choses et les temps.

Le progrès, l'amélioration de toutes les conditions individuelles, ne peut se faire que par l'application, à la sociéte, des découvertes puisées dans la science que l'on nomme l'économie politique.

Cette science touche à toutes celles qui, de près ou de loin, se lient à la prospérité d'un État. Ses matériaux les plus ordinaires sont les questions qui traitent plus spécialement de tout ce qui se rapproche de la production et de la consommation, puis de l'assiette de l'impôt et des sources de revenu.

En conséquence, les douanes, les octrois, les moyens de transport, les chemins de fer, les canaux, les roulages, le commerce, le crédit, les signes d'échange, la production, le travail et son organisation, l'aisance des classes, la consommation, l'émulation; voilà le sujet habituel des méditations de l'homme qui veut étudier l'économie politique.

La politique en elle-même ne peut rien pour l'amélioration des conditions sociales; elle est impuissante à améliorer le sort des classes malheureuses, à les garantir du froid, de la faim, de la misère. C'est en vain que le suffrage universel sera devenu le droit, long-temps nié, de chaque citoyen. Vainement les masses concourront à la nomination des députés, des conseillers généraux, du président de la République, si l'on reste dans le domaine exclusivement politique, leur condition n'aura rien gagné à la conquête de février, et cette révolution faite contre le privilége ne sera pour elles qu'une satisfaction inutile.

Tant qu'on n'aura rien fait pour assurer le travail du lendemain, tant qu'on n'aura organisé aucune mesure de prévoyance contre les chances de l'avenir, tant que la production du blé serait au-dessous de la consommation, tant que les objets de première nécessité seraient par leur prix inaccessibles au travailleur, il mourra de faim.

près de l'urne électorale, symbole de sa souveraineté. Quelle triste dérision !

S'il est acquis par toutes les recherches, par toutes les statistiques, par les derniers travaux demandés à l'Académie des sciences sur le sort des classes ouvrières, que le mal est profond, considérable, qu'il faut y porter remède, qu'il y a urgence, ce n'est pas à la politique qu'il faut s'adresser pour la guérison de cette immense plaie, puisqu'elle ne peut rien, absolument rien.

C'est donc aux réformes sociales que doit aboutir infailliblement la révolution, sous peine de ne pas aboutir du tout, et de laisser de nouveau l'avenir en proie à de nouvelles commotions.

Ce n'est pas de nos jours que le mal a été découvert et signalé; les économistes étudient depuis long-temps ces questions. Le mal qui travaille la société était depuis long-temps connu d'eux et depuis long-temps ils ont cherché les moyens d'y porter remède. Mais qu'a produit la vieille école économiste? Quelle difficulté a-t-elle résolue? Quel grand travail est sorti de sa plume ? Il faut bien le reconnaître, aucun!

La science de l'économie politique n'était plus que le recueil des misères publiques, de la souffrance du commerce, de l'imperfection du crédit, des difficultés matérielles internationnales, en un mot le compendium de toutes les difficultés sociales, de toutes les imperfections ; mais l'indication du remède ne s'y trouvait nulle part.

Comme un anotomiste qui vous montrerait, avec les plns grands détails, le mal produit par une longue souffrance sans s'occuper du remède qui devrait le détruire, l'économisme contemplait le mal sans y trouver une solution, et se croisant les bras, comme l'arabe fataliste, il s'écriait : Dieu est grand!

De nouveaux économistes cherchant d'autres voies, trouvant d'autres solutions, s'emparant des matériaux de leurs dévanciers ont dit aussi : Dieu est grand! Mais il est grand parce qu'il a donné à la société la possibilité, les moyens d'arriver au bien, et qu'il ne l'a pas fatalement condamnée au mal qui la ronge. Vous avez signalé le mal, nous vous apportons le remède! et ces hommes qui ont ainsi sécoué la poussière de la vieille école économiste, on les a nommé les socialistes.

A force de s'enterrer dans les difficultés sans fin de la voie qu'ils parcourraient, les économistes étaient arrivés à ce découragement qui en faisait autant de disciples de Malthus, et ils disaient avec lui « la société n'a pas de quoi faire vivre tout le monde, elle a le droit d'abandonner à son propre sort celui qui n'y trouve pas de travail! »

Les socialistes ont dit vous blasphémez contre

la Providence ; Dieu, dans sa bonté infinie, n'a condamné aucune créature à mourir de faim, et si dans votre société ce crime existe, il faut qu'il cesse; il faut qu'une société chrétienne travaille incessamment à la solution de ce problême : « *Faire vivre tout le monde*, sous peine de se » renier elle-même. »

L'avez-vous trouvé ce problême? L'avez-vous mise en pratique cette grande parole depuis qu'elle a été prononcée : *aimez-vous les uns les autres, vous êtes tous frères!* Non vous n'avez pas trouvé le problême, non vous n'avez pas mis en pratique le divin précepte! Eh bien! un peu moins de colère contre ceux qui vous apportent des moyens de solution, contre ceux qui viennent vous rappeler le précepte sublime, la vraie base sociale, la fraternité!

Nous l'avons dit, le mal existe, il est si grand que nous sommes forcés pour vous excuser dans votre endurcissement, de supposer que dans la sphère de quiétude ou la destinée vous a placés, jamais ne sont arrivés les gémissemens de vos frères qui souffrent.

Consultez donc alors vos propres auteurs, jetez un coup-d'œuil sur leur statistique : dans ces derniers temps, suivez Blanqui, Blanqui le modéré, Blanqui de l'Académie ; dans ses observations vers le nord de la France, que dit-il ?

Il dit que ce qu'il a vu est digne de compassion, que les misères qu'il a découvertes l'ont ému jusqu'à la moëlle, que la condition des ouvriers, dans certains travaux, était de beaucoup au-dessous de l'absolu nécessaire; sa plume n'y a pas résisté, et il a été contraint, lui aussi, de jeter le cri d'alarme.

» Le moment est venu, dit-il, dans son rap-
» port, de réduire à leur juste valeur les fausses
» idées sur la condition passable des classes ou-
» vrières.

» Jusqu'à présent, ces classes vivaient *au sein*
» *du malheur*, comme dans une atmosphère na-
» turelle; mais aujourd'hui!....

» Ne comparez pas la misère du laboureur,
» travaillant au grand air, avec les habitans étio-
» lés des usines, entassés pêle-mêle dans des ha-
» bitations immondes, dont la vue seule *fait*
» *horreur!*... locataire souvent insolvable de ce
» réduit mal sain. »

Si un socialiste eût dit dans de semblables paroles les souffrances de ses frères, on n'eût pas manqué de lui reprocher de vouloir insurger ces malheureux contre ceux qui les font vivre; mais puisque c'est un modéré des modérés qui vous parle, vous n'avez plus d'excuse; écoutez.

Après avoir établi que la condition des travailleurs était déplorable et qu'il fallait aviser au plutôt aux moyens d'améliorer cette intolérable situation, M. Blanqui arrive à une statistique de salaire, de consommation, de mortalité effrayante; qu'il nous suffise de dire que le grand statisticien a constaté que sur vingt-un mille enfans, des tisseurs de Lille, il n'en restait plus, arrivé à l'âge de cinq ans, que sept cents !!! Sept cents, entendez-vous? sept cents sur vingt-un mille, arrivés à l'âge de cinq ans! Voulez-vous savoir la différence de mortalité avec la classe aisée? Eh bien, chacun des enfans de la classe moyenne a la chance de vivre pendant huit ans! calculez, si vous l'osez, la différence. Ce n'est donc pas assez de souffrir, la société condamne à mort des milliers d'innocens au berceau; mais qu'importe! tant que les côteaux de Bordeaux produiront du Médoc et que la République fournira des traitemens royaux!

Voilà les malheurs, les abus, les dangers auxquels les socialistes croient que l'on peut porter remède, à l'encontre des économistes qui presque tous déclaraient le mal incurable.

Mais, si une politique intelligente proclame avec toutes les lois divines et humaines que l'homme a le droit de vivre, il faut de toute nécessité que la société trouve les moyens d'assurer l'existence des individus, sous peine de faire naître chaque jour l'émeute de la faim. Et prenez garde, c'est que ce n'est pas ici une minorité qui viendra à chaque instant réclamer le droit de vivre en vous mettant le poing sous la gorge; ce sera, hélas, la grande majorité qui, dans notre société fataliste, se trouve dans des conditions impossibles, pour subvenir aux besoins d'une famille; nous le démontrerons plus loin.

C'est à ses plaies sociales que les socialistes veulent que l'on porte remède au plutôt, et s'ils n'ont pas encore trouvé ce qu'il y aurait de mieux à faire, la sainteté du sujet qui les occupe et anime leur cœur, devrait au moins inspirer un peu de pudeur à leurs adversaires, et les mettre à l'abri de leurs sarcasmes.

Leurs moyens sont-ils dangereux? Leur science est-elle occulte? Pour faire vivre le pauvre veulent-ils dépouiller le riche? Leurs réformes sont-elles subversives? Voici leur bagage, jugez.

L'étude de l'augmentation de la production, en donnant à tous les moyens de consommer.

L'organisation hiérarchique et la solidarité du travail. L'association entre toutes les industries qui ont de l'affinité.

La réforme du commerce et du crédit par les banques de dépôt, les agences commerciales, la banque d'Etat.

Une assiette de l'impôt, telle que tout ce qui

jouit de la fortune, contribue aux charges de l'Etat en proportion de sa richesse. Impôt sur le revenu, sur la rente, sur les opérations de bourse. Droits de patente appliqués aux médecins, notaires, avocats, avoués, huissiers, peintres, architectes, en un mot, à toutes ces professions qui produisent le plus et ne payent rien; tandis qu'un malheureux sabotier, qu'un misérable cardeur payés 60 cent. par jour, acquittent une patente de 8 à 10 francs!

La conversion des rentes aussitôt qu'elle sera devenue posible par le retour des affaires.

Pour la petite propriété, la création des banques hypothécaires, ressource immense pour l'état et seule planche de salut pour la petite propriété obérée.

Dégrèvement des contributions de toute nature pesant sur les objets de première nécessité.

La solidarité générale pour tous les risques et toutes les fâcheuses éventualités.

La réunion dans les mains de l'Etat de toutes les choses, de tous les services d'un intérêt général, de tout ce à quoi tout le monde a droit, au meilleur marché possible.

Protection de l'Etat à l'association, cette source encore inconnue de puissance, de force, qui, semblable à la vapeur dans le domaine de la mécanique, est destinée à transformer l'industrie et le travail.

Voilà ce que veulent les socialistes. Voilà où ils ont puisé les travaux à l'aide desquels ils ont la prétention de prouver que le mal n'est pas fatalement incurable et que le peuple n'est pas éternellement condamné à rester attaché au vautour qui lui ronge les entrailles.

Le nom de socialiste n'est donc pour la plupart qu'un mal entendu; car tout le monde est socialiste de cœur sous peine d'en manquer radicalement. En effet, socialiste ne peut désigner autre chose que *partisan des réformes qui s'appliquent au bien-être de la société.* Quel est l'égoïste qui oserait avouer que les sciences ont dit leur dernier mot, qu'il n'y a plus rien à faire pour l'humanité qui souffre et que l'aumône est le dernier terme du problème?

Les rétrogrades, les égoïstes, les financiers, les maréchaux, les ministres tombés, tous les ennemis de la révolution, se sont rués avec colère contre les hommes qui faisaient entrevoir la possibilité de fonder un avenir infiniment meilleur pour les masses : il ne fallait pas que la révolution pût produire du bien dans la crainte qu'elle se fît aimer! Et ne pouvant vaincre le socialisme, l'idée, on a conspué, insulté les socialistes et faussé l'opinion publique sur leur compte. Il est temps que ces calomnies tombent et que les comptes de chacun se règlent.

Le socialisme a trois sortes d'adversaires. La première se compose de cette foule d'égoïstes, alléchés, puis repus, sous le régime de profusion exclusivement réservé aux classes bourgeoises, par l'ignoble gouvernement qui vient de tomber avec Louis-Philippe. Gens sans cœur pour la misère, qui ne veulent pas laisser admettre que d'autres en aient plus qu'eux, et préfèrent calomnier ceux qui se vouent au progrès, au traitement des ulcères sociaux qu'ils ont engendré, en les accusant de vouloir empoisonner le malade.

Les autres sont de très-dignes et très-respectables Démocrates qui ne repoussent rien systématiquement, mais ne veulent aujourd'hui aucune réforme. « Nous avons la République disent-» ils, avec elle nous devons arriver à tout; con-» solidons, puis nous réformerons. » Ils admettent bien qu'il y a à faire; mais trop paresseux pour étudier en hommes courageux, ils se laissent aller à leurs vieilles idées de libéralisme comme à l'arcane universel. Ils luttèrent contre les rois et les royalistes; ils sont tombés c'est assez!

Mais votre République qu'a-t-elle fait, que peut-elle faire sans les réformes? Rien, absolument rien; je vous l'ai déjà dit, vainement vous investirez de droits politiques l'individu; s'il reste un *meure-de-faim* il prendra vos réformes pour une dérision, il maudira votre République et passera bientôt à vos adversaires.

Sans s'en douter, ces hommes qui nous combattent et qui croient nous être le moins hostile, sont les alliés les plus puissants de la rue de Poitiers. Voilà à quel parti les Démocrates qui ne veulent pas ouvrir les yeux s'allient sans le savoir et à qui ils donnent l'appui considérable de leur inertie. Ils ne voient pas que la République ne peut être que l'instrument du progrès! et cela sous peine d'être une lettre morte qui ne se révélant pas aux malheureux, aux indifférens, les laissera en proie à toutes les suggestions de nos ennemis politiques!

La troisième classe d'adversaires, la plus nombreuse, est celle qui se recrute dans toutes les opinions ou dans toutes les conditions sociales, ce sont les ignorants. A ceux-là le comité de la rue de Poitiers s'est chargé de faire la lumière, et les trois cent mille francs de souscriptions ont inondé la France d'écrits, de brochures, de journaux, comme jamais n'en mit au monde la presse dévergondée de 93. Aussi demandez à ces hommes qu'est-ce qu'un socialiste? Ils vous répondront c'est un communiste; il veut détruire la propriété, la religion, la famille. Et tous ces badauds qui ne savent pas le premier mot des sciences économistes s'en vont, écho de la rue de Poitiers, répétant ce glas monotone : « c'est le communisme!

» Gare, gare, cachez vos enfants, vos femmes, » vos écus, voilà les communistes !! »

La rue de Poitiers leur a dit qu'il fallait être républicain honnête et modéré, et ils s'en vont répétant sur le même ton : « nous sommes des » républicains honnêtes et modérés. » D'où il s'en suivrait que nous serions des républicains malhonnêtes et des exaltés. Quelle aménité de formes !

Comment voulez-vous que cette classe d'adversaires dont nous parlons, recevant la lumière du fameux comité, ne soit pas tombée, à notre occasion, dans les plus ridicules erreurs et les plus calomnieuses accusations ; jetez les yeux sur quelques échantillons de cette prose achetée et distribuée par les ennemis de la révolution.

« Vons êtes pauvres, donc vous êtes des vo- » leurs ; vous n'avez rien à perdre, rien à risquer, » si ce n'est votre peau qui ne vaut pas grand » chose ! »

(Brochure de la rue de Poitiers, intitulée : *A bas la folie révolutionnaire et sociale.*)

Voulez-vous le portrait d'un socialiste adressé par ces Messienrs à la province ! Le voici au naturel.

« Une physionomie abattue, abrutie, sans » expression ; des yeux ternes, mobiles, n'ayant » jamais regardé en face, et fuyant comme ceux » du cochon ; les traits grossiers sans harmonie

» entre eux; le front bas, froid, comprimé, la
» bouche muette, insignifiante comme celle de
» l'âne ; les lèvres fortes, proéminantes, indice
» des passions basses..... Voilà les caractères de
» ressemblance que vous trouverez chez la plupart
» des partageux. »

(Vallon, *Dialogue à la portée de tous*, cité avec éloge par le *Journal des Débats.)*

Voulez-vous savoir quel est leur langage ?

« Cathéchisme poissard de voyou et de pal-
» frenier, vocabulaire de culotteurs de pipes et
» de casseurs de tire-lire. »

(Langage des socialistes, l'*Éclaireur.*)

Voulez-vous savoir ce qui inspire les socialistes ?

« Ce sont des êtres monstrueusement dépravés,
» se ruant dans les révolutions pour assouvir
» uniquement un besoin férocement instinctif
» de sang, de carnage et de destruction. »

(*Desloges*, même officine.)

Voulez-vous savoir ce que c'est qu'un républicain ? Lisez l'épigraphe de la brochure : *Dieu le voudra*, de la même manufacture, elle est celle-ci :

» Qu'est-ce qu'un républicain à supposer qu'il
» y en ait ?

» C'est un idiot. »

Voulez-vous savoir ce que feraient de vous les socialistes s'ils vous assuraient le droit de vivre?

« Avec l'existence assurée nous devenons des

» chiens qu'on fouette, ou des bestiaux qu'on
» engraisse à l'étable : c'est le *besoin* qui fait notre
» activité, notre courage et qui nous donne une
» énergie infatigable. »

(Brochure intitulée : *Contre-poison.*)

Quelle logique !! Vite donc, Messieurs, de par la rue de Poitiers, vous tous qui avez la vie assurée, à l'écurie ! à l'engrais ! Vous êtes des chiens, des bestiaux !

Pardonnons à la plume qui se vend, car c'est sans doute pour assouvir sa faim qu'un malheureux a écrit ces insultes au bon sens : la rue de Poitiers paie bien et les socialistes n'achètent personne.

Quelle discussion digne et puissante sort des presses de MM. les modérés ! Comme cela prouve bien en faveur d'une cause ! Comme on est bien venu à se poser modéré, quand on patronne d'aussi ignobles écrits : le père Duchesne au moins ne dissimulait pas et se déclarait dans ces cas b.... en colère ! Il se fait temps de prouver à tout le monde, excepté aux hommes de mauvaise foi, auxquels on ne prouve jamais rien, qu'on peut être un socialiste très-zélé, très-dévoué à la cause, sans toucher aux trois principes sacrés de la famille, de la religion et de la propriété ; et quant à la religion en particulier, prouver peut-être aussi, que les socialistes la comprennent et la pratiquent mieux que les honnêtes modérés, sceptiques et voltairiens, de l'école royaliste et libérale de la Restauration et du dernier règne.

Nous n'écrirons pas un mot de plus, sans faire ici solennellement notre déclaration de principes. Le socialisme a sa trilogie comme la politique.

La politique a pour formule concrète :

Liberté,

Égalité, *Fraternité*.

Le socialisme définit la sienne :

Propriété,

Famille, *Religion*.

A tous ceux qui vous diront que ce n'est pas là la base du socialisme, ou qui vous diront que ce n'est pas là tout le socialisme, répondez hardiement : vous calomniez, vous mentez !

La propriété ne représente pour nous que le travail accumulé, mis en réserve, l'économie ; or, rien n'étant plus saint, plus sacré que le travail, rien comme possession ne peut-être plus sacré que le produit du travail, et nous défions toutes les écoles, même la théologie, de donner de la propriété une définition aussi exacte et qui la rende aussi inattaquable. Pour nous, travail et propriété sont synonymes, car la propriété doit donner le travail, au même titre que le travail donnera la propriété, l'un et l'autre se transforment d'une manière inséparable.

D'après cette définition, nous demandons si le communisme peut avoir de plus rude adversaire que le socialisme? C'est ici le lieu de traiter cette question. Nous pouvons le prouver par tous les écrits, par tous les journaux, par toutes les discussions.

Qui est-ce qui a parlé de communisme depuis la révolution de février? Qui est-ce qui a repris cette idée des temps primitifs? Qui est-ce qui a eu l'idée hardie et éminemment subversive de faire table-rase de la société existante, pour lui substituer une société toute neuve? C'est un homme, un seul homme, entendez-vous, c'est Proudhon. C'est lui seul, qui allait à la recherche d'un monde nouveau, blasphémant contre le ciel et contre la terre, et s'élevant à des hauteurs insensées, est retombé meurtri aux applaudissemens des socialistes aussi bien que des modérés (1).

Ne se rappelle-t-on pas de cette grande dispute des socialistes contre cet homme étrange? Elle est pourtant de date assez récente; les journaux honnêtes ont assez glosé de cette discussion, dans laquelle ils feignaient, à dessein, de ne voir qu'une mésintelligence d'école à école, quand ils auraient dû applaudir à la franchise, à la sincérité avec laquelle les socialistes répudiaient ce dangereux novateur.

(1) Nous n'entendons point ici parler des travaux politiques de cet auteur.

Certes, nous ne prendrons pas nos citations parmi les socialistes timorés, nous citerons Considérant lui-même. Voici quelques mots saillans de ses attaques contre Proudhon, et si jamais répudiation de doctrines put se faire d'une manière plus éclatante, nous passons condamnation.

» Depuis longtemps, nous avions reconnu à » des signes trop certains, cette triste maladie de » l'esprit qui a inspiré successivement le repré- » sentant du peuple Proudhon, et donné à presque » tous ses écrits cette couleur fauve et cette odeur » de haine qui les caractérisent. Nous avions pensé » que peut-être, à force d'opposer la raison à la » déraison et à la violence, nous viendrions à » bout de cette fiévreuse personnalité, de cette » surexcitation de l'orgueil.... Nous avons perdu » notre temps....,

» Vous n'avez vécu, M. Proudhon, que de » dénigrements et de morsures; vous ne vous » êtes fait un nom que par la détraction, car » vous n'avez rien de sérieux à vous..... Vous » n'avez que le *génie de la destruction!* Et ce que » vous avez parce que vous l'avez pris, vous ne » l'avez payé qu'avec la fausse monnaie du zoï- » lisme audacieux qui est toute richesse, c'est » pourquoi l'on comprend que vous ayez dit : la » propriété c'est le vol.

» Eh bien! c'est moi qui vous le dit et vous

» ne prouverez pas le contraire, ce que vous » avez créé, ce que vous avez découvert, se » réduit à trois mots : rien, rien, rien..... Vous » avez tout brûlé, tout abîmé pour vous faire » un nom. Vos pères intellectuels, ceux de qui » vous avez tiré quelque nourriture, vous avez » tenté de les égorger...... Vous avez lancé des » attaques furibondes, propres à incendier les » esprits faibles, les ames ardentes et vous n'avez » même pas l'excuse d'une conviction et d'un » but quelconque..... »

Les prévisions des socialistes ne se sont-elles pas vérifiées de tous points. Et dans les dernières élections n'a-t-on pas vu Proudhon, lui-même, scinder, de toute l'influence que lui donnait encore sa réputation de savant et de réformateur, les élections républicaines de Paris? Il est resté seul avec lui-même, avec son exclusive individualité, plutôt que de prêter son concours au parti socialiste!

Le lecteur pourra retrouver cette longue discussion dans tous les journaux de la fin de l'année écoulée.

Qu'avons-nous donc de commun, nous, qui déclarons la propriété être le produit de l'exercice d'un droit naturel, et sacrée au même titre que le travail, qu'avons-nous de commun, dis-je, avec l'homme qui ne reconnaît pas le droit de la propriété? Qu'avons-nous de commun, nous, qui déclarons l'idée du bilan de la société immorale autant qu'impossible, avec l'audacieux démolisseur qui a dit : la propriété c'est le vol? Qu'avons-nous de commun avec cet homme qui déclare que le capital, dans notre société, n'a droit à aucun intérêt, nous, qui travaillons au contraire à faire baisser ses exigences, afin de le mettre à la portée du plus grand nombre à un taux équitable?

En quoi la réforme sociale se rapprocha-t-elle de la négation de la possession?

En quoi la déclaration du droit de propriété, de quelque nature qu'elle soit, entre les mains de ceux qui la possèdent ressembla-t-elle à la possession en commun et au même titre pour chacun?

Oui, quand vous vous êtes acharnés contre le communisme, vous avez bien fait; mais avec de la loyauté ou des connaissances plus exactes sur la question, vous vous fussiez évité un tort grave, celui d'avoir accusé de communisme des réformateurs qui l'ont combattu autant que vous, dans la personne de Proudhon, son seul disciple.

Voici comment parlait de la propriété *François Coignet*, un des hommes les plus avancés du socialisme :

..... « Les réformes sont donc réclamées par la

» grande majorité. Mais c'est à la condition que » ces réformes respecteront la propriété *indivi-* » *duelle* : qu'elle soit donc hors de cause et les » réformes qui paraissent impossibles s'accom- » pliront.

» C'est une question de vie ou de mort, tout » est là. La peur de la dépossession a failli faire » avorter la révolution de février; elle a failli » empêcher l'Europe de se révolutionner; elle » a failli rendre possible l'invasion de la France.... » Elle ramènerait encore les mêmes dangers, elle » rendrait *infaillible* le combat et l'*anarchie*, si » elle se représentait.

..... » L'amour de la possession n'est pas un » sentiment de pur égoïsme, IL EST LE RÉSULTAT » DE L'ORGANISATION MÊME DE L'HOMME. Dieu, » en le créant, lui a donné l'ordre de se conser- » ver; il lui a donné l'attrait pour le bien-être; » il lui a donné l'intelligence pour les fâcheuses » éventualités.

» La propriété n'a pas d'autre cause que cette » nécessité de prévoyance. L'homme économise » pour se garantir des malheurs de l'avenir; il » économise pour mettre ses vieux jours à l'abri » de la misère. Il économise pour donner l'édu- » cation à ses enfants, pour les mettre à l'abri » de ce qu'il a pu souffrir lui-même.

» Il est donc évident que l'économie, c'est la

» prévoyance; mais cette prévoyance dans l'état
» d'antagonisme des sociétés ne peut se mani-
» fester que par la propriété.

» Telle est la raison qui fait que celui qui pos-
» sède préférerait la mort à la dépossession. Il
» sent que sans la propriété il tomberait sous le
» coup de toutes les souffrances de toutes les
» mauvaises chances. Il ne ne faut pas attenter à
» la *possession* qui est la garantie de l'avenir. »

(*La politique et le socialisme*, F. Coignet 1849.)

Quand des socialistes aussi avancés parlent ainsi des jouissances de l'attachement *naturel* à la propriété, cessez de nous combattre avec votre accusation vieillie, communisme.

Mais est-ce à dire que les socialistes songent à donner à *tous* une propriété qui assure leurs vieux jours et l'avenir de leurs enfants? Cela serait ridicule à supposer. Ils demandent pour le prolétaire le travail, et ils voient dans l'organisation du travail la possibilité d'arriver à la possession de ses instruments, condition suffisante de bonheur pour satisfaire, avec les établissements de prévoyance, ce besoin instinctif, naturel, d'économie, pour le bien-être de l'avenir.

Quand le travail et la prévoyance imposée, fonctionneront régulièrement, l'homme n'enviera pas au propriétaire ce que le travail lui réservera pour ses vieux jours. Quand l'instruction primaire et professionnelle sera organisée, selon la promesse de la Constitution, il n'enviera plus le propriétaire pour l'avenir de ses enfants. Tous les sentiments naturels qui trouvent leur satisfaction dans le travail accumulé du propriétaire, il les éprouvera dans la perspective du produit de son travail. Et la paix se fera alors; car si l'homme qui se bat le mieux en bataille rangée est celui qui a le mieux dîné, ainsi qu'on l'a dit, n'oublions pas que celui qui se bat le mieux dans la rue, c'est celui qui a faim.

J'abandonne donc cette question de la propriété que je n'eusse pas dû être forcé de traiter, mais non sans faire remarquer qu'aucune définition ne vaut la nôtre, que nous défions les économistes et les théologiens d'en donner une qui consacre mieux le droit et sanctionne mieux la possession, quelque immense qu'elle soit, que celle-ci : *La possession c'est le travail accumulé*, c'est-à-dire la privation des jouissances actuelles en faveur de l'avenir, la sueur d'aujourd'hui en réserve pour le lendemain!

Après avoir répondu à l'accusation contre la propriété, nous irons plus loin et nous déclarerons en toute liberté qu'entre nous et *toutes* les écoles socialistes qui ont eu l'espérance de fonder une nouvelle société, en atteignant l'ancienne dans ses bases fondamentales, il n'y a rien et n'y aura jamais rien de commun, si ce n'est l'étude sérieuse des phénomènes sociaux, des besoins, des souffrances, et le désir d'y porter remède.

Nous déclarons que nous n'appartenons à aucune école faisant de la théomanie et rêvant un monde tout nouveau. Nous déclarons très-carrément que, dans notre pensée, l'avènement d'un de ces systèmes imposé comme mesure générale serait un cataclysme social, la dissolution et la fin de la société, le commencement de la barbarie et de l'asservissement prochain.

Mais que l'on ne croie pas que c'est là seulement la pensée de l'auteur et de ses amis. Cette déclaration, les quatre-vingt-dix-neuf centièmes des socialistes vous la feront et avec eux même plusieurs des novateurs qui ont la prétention de former une école complète.

Nous ne voulons donc porter aucune atteinte à la religion! A la religion, nous? Et qui vous donne le droit de semblables accusations? Quoi, c'est vous tous, Messieurs les continuateurs des encyclopédistes, c'est vous, Messieurs, de Diderot, de Dalembert, de la Harpe, à la tête carrée, qui nous accusez de vouloir renverser la religion? C'est vous tous, Messieurs du *Constitutionnel* et des *Débats* qui tremblez pour la religion? C'est M. Thiers, c'est saint Thiers qui déclare cela, lui! le sceptique le plus froid, lui, auprès duquel Guizot, le protestant, eût été fervent catholique; c'est lui l'auteur de la séance ordurière du balcon et des quatre chandelles qui crie : « sauvez la religion? » Et un grand éclat de rire n'a pas répondu, en France, à cette ferveur hypocrite, et les journaux religieux s'y sont laissés prendre un instant! Et le vénérable curé Deguerry, la forte tête du clergé de Paris, le socialiste zélé et intelligent veut-il attaquer la religion? Et MM. Thiers, avec les Chambolle et Cousin, et toute la rue de Poitiers, se croyent obligé de veiller pour elle? Pharisiens!!!

Nous voulons la religion de nos pères, parce que nous la croyons vraie et la mieux faite pour le bonheur des sociétés, la plus civilisatrice, la plus parfaitement inhérente à la Démocraie. Allez! si le Christ revenait sur la terre, nous suivrions ses pas en silence, nous secourions la poussière de ses sandales, nous baiserions ses pieds! Mais aujourdh'ui comme alors, il serait traqué comme un factieux et nous savons bien qui le crucifierait!! Laissons ces accusations; propriété, famille, religion, ces trois choses que vous déclarez perdues avant qu'elles soient attaquées, c'est nous seuls, nous les socialistes, entendez-vous, qui les sauverons, malgré ce que vons faites pour pousser le peuple à la colère et à la haine contre elles.

Revenons aux principes et aux moyens.

Les socialistes ne sont donc que les continuateurs des économistes, avec cette différence radicale, qu'ils ont la certitude de guérir les maux déclarés incurables; pour cela ils contestent tous les termes d'où partait l'école économiste. Les bases de l'économisme sont celles-ci :

En matière de production et de consommation, liberté absolue.

Laissez faire, laissez passer.

Libre échange internationnal, abolition des barrières, des douanes.

En fait de prévoyance, pas d'autre que la formule fataliste : « *Chacun pour soi, chacun* » *chez soi.* »

En matière de crédit, absence complète d'études sérieuses et de vues.

En matière d'impôt, création de nouveaux impôts et surtout des impôts de luxe.

Voilà les idées étroites sur lesquelles se traînait l'économisme! La liberté absolue, la concurrence à outrance et l'anarchie industrielle; l'égoïsme sans fruit et l'imprévoyance impardonnable, telles sont les conséquences immédiates de ce point de départ.

La liberté, ce mot sacré, cette base immuable, ce principe éternel d'une bonne organisation politique, devient dans l'industrie et le travail un non sens; car ici la liberté c'est le despotisme. Dans sa définition la plus large, le mot liberté comprend tout ce qui ne peut nuire à la liberté d'autrui. Or, ici qu'est-ce que la liberté? c'est la concurrence à merci. Qu'est-ce que la concurrence sans frein? c'est le despotisme du numéraire, c'est le règne du nouveau féodal, du plus despotique des tyrans, du capital!

Pour le défendre contre cette accusation dont il est impossible de le justifier, on dit : « Oui, le capital promet le succès au plus riche concurrent; mais en définitive c'est le consommateur qui en profite! Cette raison, qui m'a paru longtemps excellente, je l'avoue, est tombée pour moi devant l'évidence des faits mieux étudiés, et j'ai vu que le contraire était le plus souvent la vérité.

Prenons un exemple :

Un haut fourneau, appartenant à un riche capitaliste, s'élève dans un bassin houiller et il livre ses produits à un prix de revient assez élevé pour réaliser de très gros bénéfices.

Un industriel moins riche, mais moins ambitieux, vient élever, non loin de là, un établissement semblable et perfectionne les produits de manière à attirer les acheteurs.

Le premier occupant, riche de capitaux superflus à son industrie, abaisse aussitôt ses prix de vente; la seconde usine souffre, il les abaisse encore; elle succombe et est bientôt mise en liquidation. Ses constructions, ses puits sont achetés à vil prix par le capitaliste, qui retrouve là l'excédant des sacrifices qu'il a faits pour ruiner son voisin. La concurrence n'existant plus, les prix sont de nouveau haussés, et d'autant plus que les sacrifices de la lutte auront été plus grands.

Le *chacun pour soi et chacun chez soi* a donné naissance à l'individualisme effréné qui avait abouti à créer l'indigne politique de Louis-Philippe, la satisfaction exclusive de l'intérêt personnel toujours excité.

L'organisation du travail est aujourd'hui le premier besoin de la société. 1793, dans sa haine contre le régime qui s'écroulait et sa passion dominante pour la jeune liberté, brisa, il faut savoir le dire et l'avouer, les germes féconds de l'organisation du travail et de l'industrie. Ce germe d'organisation existait dans les corporations, les maîtrises, les jurandes. Les syndicats disparurent et avec eux la règle et la garantie.

Chacun put être, dès le lendemain, marchand sans avoir jamais vendu, ouvrier sans jamais avoir fait preuve d'apprentissage, et maître sans jamais avoir été ouvrier. Le commerce et l'industrie virent tout-à-coup une foule de gens qui, sans rien comprendre à une industrie ou à un commerce, se lançaient dans la fabrication avec toute l'imprudence que donne l'ignorance des difficultés.

Dès ce jour les quantités augmentèrent, souvent sans l'intelligence des besoins; les qualités baissèrent en proportion de l'excès de production; les produits furent abaissés, falsifiés; le coton se mêla au fil, la laine à la soie avec la plus grande déloyauté. Les prix de main-d'œuvre furent successivement rabaissés.

On imagina cent façons détestables pour se procurer de l'argent. Le commerce, si longtemps honoré, ne fut plus qu'une rouerie. La lettre de change, qui primitivement représentait avec sincérité le prix d'un produit réellement livré et garanti, ne fut plus qu'un chiffon de papier fictif, le pire des assignats, sur lequel trois ou quatre signatures, diversement grouppées, se prêtent souvent l'appui de leur mécanisme.

La banqueroute, ce fait inouï du vieux commerce, fut dès-lors mise au nombre des éléments du commerce comme appréciation (profits et pertes) et devint tellement un fait journalier excusé, même excusable, que plus d'un industriel en fit le but de ses espérances pécuniaires!

Nous voulons donc l'organisation du travail, parce que là est la seule garantie du prolétaire, parce qu'elle permettra d'inscrire enfin ce droit, sans lequel il n'y a point d'état politique pour le prolétaire, je veux parler du droit au travail.

Le droit au travail est la première conséquence du droit de vivre. Les matériaux de l'existence viennent tous du sol, et, si par l'organisation du travail vous n'assuriez pas l'existence de tout individu en société, il est évident que vous lui donneriez son droit naturel au partage des fruits de la terre, ce qui serait alors une véritable atteinte à la propriété; prenez-y garde!

Le travail est la seule propriété du prolétaire; cette propriété est illusoire si vous la niez, et vous la niez si l'organisation du travail ne vous permet pas d'assurer l'existence présente et la vieillesse des vétérans de l'industrie comme celle des vétérans de l'armée.

Comment! la Constitution a reconnu le droit à l'assistance pour celui qui ne peut travailler; c'est bien, quoique il arrive assez souvent que l'incapacité soit le résultat des excès, de l'inconduite, des vices, du défaut de prévoyance; cependant on dit avec raison à cet homme qui a faim : mange! Et si un ouvrier laborieux, entouré d'une femme et de ses enfans, reste sans travail un certain temps par suite de ce qu'on appelle une *morte* du commerce, si cet ouvrier élève ses deux bras vigoureux et demande du travail pour donner le pain à cette famille que la faim dévore, on lui répond : la société ne te doit rien; si tu ne veux mendier, ou si mendiant tu ne reçois rien de la commisération, meurs toi et les tiens! Quelle inconséquence!

Oui, disent quelques esprits plus libéraux, le travail est un droit; mais il serait dangereux de l'inscrire, on s'exposerait aux plus terribles conséquences! Et pourquoi serait-il dangereux de proclamer un droit naturel, l'exercice de la première faculté de l'homme, ainsi que le disait Louis XVI? Depuis quand la vérité a-t-elle besoin de se voiler, depuis quand la justice a-t-elle besoin d'être mise en réserve? Et parce qu'on aurait inscrit dans les droits celui du travail, cela ferait-il que l'homme qui en manque fût autorisé à en demander aux particuliers? Le droit à l'asssistance, garanti par la Constitution, a-t-il fait qu'on ait organisé de suite l'assistance? Et celui qui n'était pas assisté, est-il venu vous demander du pain, la Constitution à la main?

Faites donc ainsi pour le droit au travail, c'est le seul moyen de placer cette question sur le chantier, de la faire étudier peu à peu, de calmer le prolétaire qui y verra définitivement un pas fait vers lui à la rencontre du droit et de la justice. Oh! la question n'est pas si neuve que le croient bien des gens; ce ne sont pas les socialistes qui ont imaginé ce droit au travail; mais jusqu'ici les différents règnes qui se sont succédés exclusivement à l'avantage d'une minorité privilégiée, n'ont pas permis d'écouter sérieusement les hommes de cœur, qui, dans toutes les nuances de l'opinion, plaidaient en faveur de la justice. Voici un écrivain de la presse *modérée*, *honnête*, et de plus *religieuse* : voyez comment on parlait du droit au travail en 1840! Extrait des *Croisades du XIXe siècle*, par Louis Rousseau, rédacteur de *l'Univers*, page 347 :

« ...... Un dernier mot sur ces économistes qui » refusent le droit au travail et à la subsistance, » par la raison qu'ils ne savent comment le » traduire en fait.

» Une société, selon Malthus, n'a pas de vers » elle les moyens d'accorder le travail et la sub- » sistance à tout le monde; d'où cet écrivain in- » fère que ne pouvant pas satisfaire à ce droit, » elle est autorisée à le nier. Il serait tout aussi » logique de prétendre qu'un homme qui con- » tracte un engagement pécuniaire envers un » autre, se libérât de sa dette en déclarant qu'il » n'a pas les moyens de la payer.

» Il est de fait pourtant que l'on commen- » cerait par s'assurer si le débiteur est aussi » dénué de ressources qu'il veut bien le dire; » et dans le cas même où son insolvabilité serait

» constatée, il ne s'en suivrait pas de là qué son » créancier serait déchu de son droit.

» Conçoit-on d'ailleurs à quel titre la société » exigerait, de gens qui meurent de faim, que » dans leur détresse ils regardassent la propriété » comme archi-sainte?

» Mais, rassurons-nous : Dieu n'a pas placé la » société dans cette absurde alternative de nier » un droit légitime, ou de l'inscrire sur le papier » en décrétant qu'elle ne peut pas, dans la pra- » tique, en faire jouir les titulaires.

» Ainsi, le droit au travail et à la subsistance, » étant reconnu au profit de tous ceux qui se » trouvent dans le cas de *l'invoquer*, il s'agit à » cette heure de faire en sorte que cette déclara- » tion de principes reçoive son effet utile. Le » salut de la société dépend de cette solution, » et il est bien temps qu'elle nous arrive! »

Quel dommage vraiment que la rue de Poitiers n'eût pas organisé sa propagande en 1840! Comme les publicistes fleuris, gagés par les modérés, vous auraient classé, M. Louis Rousseau, dans les *fronts comprimés, les yeux de cochon et les bouches d'âne!*

Les hommes qui ignorent l'économisme croient que les réformateurs d'aujourd'hui, les socialistes, ont rêvé tout-à-coup une masse de réformes radicales, toutes nouvelles, toutes imprévues, dès-lors dangereuses et subversives. Il faut pourtant que ces absurdités disparaissent et que l'on sache bien que quelques économistes acceptaient depuis longtemps comme possibles et nécessaires des réformes que nous voudrions introduire peu à peu, mais pour lesquelles nous ne voudrions pas de fin de non-recevoir, comme tous les gouvernements en ont donné depuis si longtemps !

Voici quelques lignes d'un publiciste que messieurs de la modération et de l'honnêteté ne récuseront pas, à moins que, ignorant ces choses, ils ne le déclarent maintenant bouche d'âne à son tour. Je veux parler de M. Léon Faucher! le grand ministre qui a sauvé la France au 29 janvier! Il est vrai qu'il n'était pas encore ministre quand il écrivait ceci : Ah ! *scripta manent!*

« L'état a *qualité* pour mettre les instruments » du travail à la portée du plus grand nombre, » en développant les institutions de crédit, par » un bon système de banques et par la réforme » hypothécaire. Il doit favoriser L'ÉLÉVATION DES » CLASSES LABORIEUSES, par l'éducation, les ins- » titutions d'épargnes.

» L'état peut *limiter l'expansion* des classes » supérieures, en les appelant à supporter une » plus grande part des charges publiques. L'im-

» pôt étant le véritable levier au moyen duquel » on agit sur la répartition de la richesse, la » réforme urgente, la réforme populaire, est » celle qui portera sur l'assiette de l'impôt.

» Notre système contient des exceptions *fâ-* » *cheuses* comme l'impôt sur le sel, sur les bois- » sons......, les droits des douanes pour les » matières alimentaires.

» Il présente certaines lacunes que rempli- » raient un droit plus élevé sur les successions » collatérales, des taxes de luxe et dans une » limite raisonnable, *l'impôt progressif.*

» Voilà un programme pratique d'amélioration » *en dehors duquel il n'y a que déception et chi-* » *mère!!!* »

Que dites-vous de cet économiste modéré, devenu bientôt l'adversaire des socialistes, quand ils ont demandé à l'économiste, devenu ministre, la réalisation d'une partie de ce programme, hors duquel il n'y a que *déception et chimère!*

Tudieu! Monsieur le modéré, comme vous y alliez au 15 avril 1848! (*Revue des Deux-Mondes.*) Rien que l'impôt *progressif*, *la limitation* des classes supérieures et *l'élévation* des classes inférieures! Hors de cela, chimère et déception! Parlez-nous-en! Vous n'y alliez pas de main morte, et nous sommes de timides agneaux à côté de votre programme!.... honnête et modéré.

Vous le voyez bien, quand les organes importants des satisfaits et des contrariés ont ouvert une campagne si véhémente contre les socialistes, ils n'ont fait que de la rouerie; car ils savaient bien que l'immense majorité des socialistes n'allait même pas jusqu'au programme de M. Faucher; exemple celui des socialistes de la Haute-Loire. Mais comme il fallait bien empêcher la révolution de porter ses fruits, de se faire connaître et aimer, on signala, avec la plus insigne mauvaise foi, les dangers du socialisme; on le combattit dans les doctrines du communisme qui était le fait d'une individualité, sans disciples, dans les doctrines de Proudhon; ou celles de quelques enthousiastes de la fraternité, comme Cabet en envoyait en Icarie; ou bien dans les rêves abstraits d'un philosophe nébuleux, comme le rigoriste Pierre Leroux, qui a fait flétrir l'adultère par les lois politiques; ou bien encore dans les partisans de la culture par l'association, petite phalange d'hommes qui demandent l'essai du phalanstère.

Mais on savait bien que ce n'était là que quelques ultrà spécialistes, qui ne représentaient que des fractions très-minimes, et qui d'ailleurs n'ont jamais demandé la mise en pratique de leurs théories plus ou moins radicales, qu'à titre d'étude, d'essai, et en toute liberté! On savait bien que toutes ces spécialités systématiques n'avaient avec elles que quelques individus, et que la masse des socialistes représentée par les réunions politiques du Palais-National et autres, répudiait hautement la solidarité des doctrines radicales de ces écoles *spéciales*.

Donc en criant haro aux communistes, proudhonnistes et cabétistes, aux rouristes, aux fouriéristes, on savait bien que les socialistes en masse dédaignaient la prétention de chacune de ces écoles, et n'acceptaient que les réformes présentées et admises comme réalisables, en dehors du but spécial auquel tendait ces quelques individus.

Nous ne sommes donc ni proudhonnistes, ni cabétistes, ni fouriéristes, ni rouristes, vous le savez bien, et vous êtes gardé de le dire.

Mais de ce que ces réformateurs radicaux poursuivraient, à notre avis, un but impossible ou subversif, s'ensuit-il que nous repoussions, sans examen, tout ce qu'ils ont produit et découvrent chaque jour? Évidemment non; ce ne serait ni intelligent, ni prévoyant, ni sage.

Il faut, dans le domaine de la pratique, savoir accepter sans répugnance ni prévention toutes les découvertes formulées par l'étude, quand elles peuvent s'introduire dans la pratique, et le faire au fur et mesure qu'elles se produisent dans le monde intellectuel, toutes les fois qu'on a la certitude de ne produire que du bien.

Loin donc de repousser avec colère ces travailleurs plus ou moins systématiques auxquels nous refuserions notre concours pour l'application de leurs doctrines, nous les suivons pas à pas, et nous empressons de profiter de leurs infatigables investigations : nous ramassons çà et là les parcelles précieuses, que détache de temps en temps du tuf scientifique le pic de ces rudes travailleurs.

Si vous n'adoptez pas cette marche progressive en réformes sociales comme en politique, vous accumulez sur la société la tempête qui naît du choc brusque et immense des opinions les plus divergentes. Il arrive alors qu'après avoir lutté contre le progrès, son poids devient tel, que vous êtes entraînés au-delà, bien au-delà de ce que vous eussiez pu d'abord concéder.

C'est en effet une fatalité, qui, jusqu'à ce jour, s'est attachée à tous nos gouvernements, que cette résistance au progrès! Tellement que la résistance au progrès, faite avec succès, a été toujours regardée comme le critérium envié de tout ce qu'on appelait les grands hommes d'Etat!

Qui oserait contester qu'avec des réformes progressivement concédées, Louis-Philippe n'eût vécu roi et transmis sa couronne? Comme tous les autres, il résista à outrance, il faussa la révolution; et, comme toujours, les hommes qui voulaient le progrès raisonnable, étaient taxés de turbulents, de révolutionnaires, d'anarchistes, d'ambitieux; puis un beau jour ils sont dépassés; et, à leur tour placés à la queue du mouvement, ils crient à ceux qui marchent en avant, vous êtes des turbulents, des révolutionnaires, des anarchistes, des ambitieux. Sachez donc profiter des leçons du passé et ne nous mettez pas dans le cas de crier, à notre tour, à ceux qui nous poussent : vous êtes des anarchistes, des révolutionnaires!

Oh! alors vous viendriez à nous comme les légitimistes sont allés à l'opposition de Louis-Philippe. Un mariage mal assorti, un mariage de raison, gros de mésintelligences prochaines, se formerait entre nous, comme il s'est formé entre les Thiers et les Larochejacquelein, les Montalembert et les Cousin : et, malgré notre union et la raison, alors comme bientôt, la faiblesse de notre coalition se traduirait par la lutte intestine.

Au lieu d'attendre cette avalanche née d'un torrent vainement arrêté quelques instants, ouvrez mille voies au ruisseau qui descend encore paisible, faites le sillonner la plaine, et, au lieu d'un fléau dévastateur, vous aurez une source bienfaisante qui fécondera le sol de la patrie.

Les socialistes sont tellement convaincus de ces vérités, qu'ils ont voté pour les 50,000 fr. que demandait Proudhon, à l'effet d'organiser sa banque d'échange. Ils ont voté pour la prise en considération de la demande faite par *Considérant*, pour l'essai en petit de la commune phalanstérienne. Ils auraient voté de même pour accorder un immense domaine aux essais de culture par les trappistes de Cabet. Et tout cela est bien, tout cela est intelligent. Car, si ces choses étaient reconnues bonnes, vous en profitiez pour la part applicable à la société. Si elles étaient déclarées mauvaises et irréalisables, vous aviez acheté pour *rien* la démonstration de trois erreurs qui vous coûteront deux fois plus à combattre. Car, quelque soit l'essai infructueux de la Banque d'échange, de l'Icarie et de quelques petits phalanstères, *Proudhon*, *Cabet*, *Considérant* auront toujours le droit de vous dire : Vous nous avez forcé d'essayer dans des conditions tellement défectueuses, que la force des choses seule nous a vaincus; vous aurez donc encore à recommencer avec ce que vous pouviez facilement anéantir, en vous dégageant, pour un instant, des langes de votre panique.

Ce désir de voir mettre à l'essai les réformes d'une efficacité même équivoque, ne nous ferait abandonner aucune des garanties de la société actuelle. Qu'on le sache bien, pour arriver aux réformes sociales, les socialistes ne demandent pas que l'on touche d'une manière radicale aux institutions.

Nous acceptons l'état politique et civil tel que nous le possédons; la possession de quelque nature et de quelque quantité qu'elle soit; les bases actuelles de la famille; la religion de nos pères fut la nôtre, nous voulons qu'elle soit celle de nos enfants. Avec ces bases actuelles de la société, nous voulons arriver à des réformes suffisantes pour constituer une société stable et heureuse.

Stable, à la place d'un état de choses qui, dans l'espace de soixante années, nous a permis de voir le régime absolu, la République, le Consulat, l'Empire, la Charte octroyée, les Cent Jours, le retour des Bourbons, le gouvernement Constitutionnel; enfin, de nouveau la République.

Heureuse, à la place d'une société dont la condition d'aisance et de bonheur a baissé chaque jour depuis longtemps, dont les conditions de bien-être se sont amoindries dans des proportions très-sensibles. Ici doit se trouver la preuve de cette dernière assertion.

Prenons des chiffres ministériels, afin de ne

pas établir de contestations. En 1816, la consommation moyenne de la viande était de 50 kilogrammes, 71 grammes par tête. La décroissance de cette quantité a été telle, qu'en 1848 elle n'est plus que de 20 kilogrammes, 5 grammes!! Cela vous paraît-il assez clair! Qui est-ce qui a fait défaut à la consommation? Ce ne sont pas, je suppose, les classes privilégiées des derniers règnes? La consommation du meilleur, du plus substantiel des aliments, tombée de plus de moitié depuis 1816!

Ne croyez pas que le français fut le mieux partagé avec la proportion de 50 kilogrammes, car l'anglais consomme 68 kilogrammes et l'américain 122! Aujourd'hui, en France, le régime du soldat comporte une consommation de 91 kilogrammes, et celui des hommes punis, des détenus condamnés, 72 kilogrammes (hommes, femmes et enfants).

Cette pénurie de consommation s'est produite à mesure que l'impôt qui s'applique aux objets de première nécessité s'est élevé. Voici encore quelques chiffres instructifs :

En 1816, le prix d'importation d'un bœuf, en France, était de 3 fr.; peu à peu ce droit s'est élevé à ce point qu'aujourd'hui il n'est pas moindre de 55 fr.! Mais l'Etat trouve-t-il au moins dans cet impôt, sur un objet de première nécessité, des avantages suffisants pour le justifier? Voici encore des chiffres : en 1816 l'importation des bœufs s'élevait à 81,040 têtes; en 1846 elle n'a été que de 5,046!! Vous pensez peut-être alors que notre agriculture, ainsi protégée, s'est améliorée dans la production des élèves? Erreur; d'après les statistiques produites par les comices, nous possédons, en France, 500,000 têtes de bétail de moins qu'en 1812. C'est qu'aussitôt que la consommation diminue, la production prend d'autres voies; imposez la consommation outre mesure, vous supprimez la production.

Les villes ont suivi l'exemple des gouvernements et posé des barrières qui ont fonctionné dans les mêmes proportions. Ainsi, en 1800, l'entrée d'un bœuf, à Paris, acquittait 17 fr. aux octrois; aujourd'hui cette somme s'élève à 44 fr. 50.

Mais ces impôts d'octroi sont-ils au moins proportionnels au prix de l'objet, à sa délicatesse; en un mot, proportionnels aux fortunes qui le consomment? Jugez-en : le porc est à Paris la principale nourriture du pauvre; eh bien! il est frappé à l'entrée d'un impôt de 30 pour cent! Pendant que les pâtés de Pitiviers, les truffes, les terrines de foie, ne paient qu'un impôt proportionnel de 10 pour cent; le gibier et la volaille fine, 8 pour cent! Est-ce clair? Qu'un tonneau de Chambertin, pour Lucullus, entre avec un tonneau de Surenne, pour le récureur d'égout, ils acquittent également 40 fr. d'entrée; et si le malheureux boit avec sa famille un litre de vin par jour, il acquitte un impôt de 74 fr. par an!

Vous penserez peut-être alors que le prix du travail a augmenté dans de semblables proportions? Il n'en est rien et moins que rien; le défaut de consommation de la viande vous a déjà répondu que cela n'était pas possible; mais les statistiques du prix de main-d'œuvre, dans les différentes professions, nous donnent des chiffres : eh bien! la moyenne du prix de la journée, en France, en 1789, était de 2 fr.; elle n'est plus aujourd'hui que de 1 fr. 60! et cependant les besoins sont plus nombreux et les impôts énormes!

Faites donc de la politique sans faire de l'économie sociale, que vous apprendra-t-elle pour le bonheur de l'humanité? Le socialisme est à la politique ce que l'ame est au corps. Cherchez, si vous le voulez, dans les nuances d'opinions, celle qui marche d'un pas plus ou moins hâté; mais, sous peine de vie ou de mort, ne dédaignez plus l'étude des réformes devenues indispen-

R.F.

sables; car plus vous serez exclusifs et plus la réforme sera avancée.

L'émeute de la faim est là, toujours là sur la place publique. Les passions politiques s'en empareront facilement; vous aurez peut-être un éclair de succès dans votre résistance, mais la lutte se reproduira demain; le malheureux affamé appartiendra toujours à l'insurrection, si les hommes prudents et justes ne le désarment en s'occupant de lui : c'est un moyen bien simple de neutraliser ce puissant élément de révolution. Occupez-vous donc du prolétaire, nous vous laisserons avec joie la gloire d'un succès si noble, si digne de tout homme de bien.

N'oublions jamais que le salariat est bien souvent pire que l'esclavage proprement dit; le prince russe qui a mille serfs, le planteur qui a cent nègres, sont soigneux du bien-être matériel de ces malheureux; leur perte ruinerait le maître; et, pour que la *marchandise* ne se détériore pas, la nourriture est toujours suffisante, le logement salubre; au travail on mêle habilement les délassements de la danse et de la musique natale...... Mais le salarié ne rapportant que le bénéfice de sa journée de travail, on tire de lui le plus qu'il peut produire ce jour-là; pour le lendemain..... la Providence suffira!

N'oublions pas non plus que l'esprit humain

marche, marche toujours et ne recule pas; que dès le jour où le besoin, la nécessité, ont fait naître l'idée des moyens, l'idée fait son chemin et tout la sert, même la persécution! N'oublions pas que Martignac était le factieux des ultras, que les 221 étaient les factieux de Martignac, que Thiers et Barrot étaient les factieux de Guizot, que les Dupont de l'Eure et les Arago sont aujourd'hui les factieux des Thiers et Barrot. N'oublions pas que toutes ces assusations sont stériles et n'empêchent rien, que les accusés de la veille sont les accusateurs du lendemain. Un seul moyen vous reste pour vaincre le socialisme; il est bon, il est puissant, il est digne: faites-vous socialistes.

Faites-vous socialistes, comme le sont tous les hommes de progrès sans préjugés ou sans haine contre la révolution. La base de votre socialisme sera la conséquence immédiate du droit de vivre, c'est-à-dire le travail et le fruit du travail, la propriété. Quand vous aurez assis votre base de réformation sur ces droits naturels, vous voudrez en faire jouir le plus grand nombre, sous peine de la rendre insuffisante, et vous serez en pleine voie de socialisme, croyez-m'en.

Laissez aux Don Quichotte de la rue de Poitiers le ridicule de se battre contre les moulins à vent, et le vain plaisir d'ameuter les badauds contre deux ou trois philosophes songeurs qui rêvent une nouvelle cosmogonie générale, et étudient l'humanité dans le but de constituer l'anthropologie de leur nouvel univers. Que ces Messieurs expliquent la pensée de ces poètes socialistes, s'ils le peuvent; quant à nous, nous regardons comme temps mal employé l'explication de ces apocalypses sociales auxquelles on fait l'honneur inutile d'une discussion trop sérieuse.

Mais si la propriété est sacrée comme le travail qui la produit, les Socialistes prétendent, avec raison, qu'elle impose des devoirs de la première importance; car en effet c'est la propriété qui est chargée de produire pour tous les éléments de l'existence matérielle.

A ce titre, elle a droit à leur sollicitude, et ils sont si loin de vouloir attenter à la propriété, qu'ils demandent à corps et à cri qu'on la sauve de sa propre perte, qu'on se hâte de la soustraire à son insolvabilité prochaine. Oui, si quelque jour la petite propriété, soulagée du fardeau qui l'étouffe, peut respirer enfin, c'est aux Socialistes qu'elle en devra rendre grâces.

Nul doute que si la petite propriété est abandonnée à ses propres forces elle ne succombe bientôt sous le poids de l'intérêt qu'elle sert et qui l'écrase. Bientôt le capitaliste devenu propriétaire fera labourer son champ au paysan son ex-possesseur!

N'est-il pas effrayant de voir la petite propriété emprunter au dix pour cent, elle qui ne rend pas le tiers de ce revenu, elle qui, cependant, offre seule le placement le plus solide, le plus certain, le seul certain! pendant que le commerce trouve de l'argent à quatre pour cent qui lui en rend dix ou vingt, lui qui ne donne pas la même garantie!

Et cependant où trouverez-vous jamais une réforme sociale solide et une organisation du travail possible, si vous ne venez au secours de la propriété? Comment désobstruerez-vous les villes de l'immense quantité de bras qui les surchargent pour les rendre au sol qui en manque, à ce sol qu'ils ont quitté, parce qu'ils ne pouvaient vivre en le cultivant? Comment les rappellerez-vous à l'agriculture, cette source inépuisable de richesses, ce foyer puissant de moralisation, de vertu? En fournissant à la propriété du capital à un taux tel, qu'elle puisse faire vivre ceux qui la travaillent et la répareront.

Et comment détronerez-vous ce grand seigneur, ce nouveau despote, le capital, qui asservit tout à sa domination? En mettant en pratique les études des socialistes sur le mécanisme des banques hypothécaires; impossible de trouver une solution plus avantageuse pour la propriété et si productive pour l'Etat!

Ce n'est pas en ce moment que la conversion de la rente peut devenir un moyen. Oh! si les atermoyeurs de tous les régimes, messieurs de la haute finance, n'étaient venus en 1835 comme en 1845, alors que la rente 5 % se cotait 115 à 120, s'ils n'étaient venus nous dire la phrase sacramentale des satisfaits : « *La mesure est bonne, mais elle n'est pas opportune,* » une réduction en quatre et demi seulement eût produit un bénéfice de 100 millions par an qui, jetés dans l'amortissement, eussent en dix ans racheté un milliard de la dette; le triste milliard des émigrés, qui nous a grevé de 100 millions de rente! Mais est-ce que jamais les pouvoirs firent autre chose que lutter contre le progrès?

La création des banques hypothécaires c'est le spectre du capitaliste, du boursier ; elle seule peut faire s'abaisser les prétentions exorbitantes du capital ; elle seule le forcera à se faire à son tour propriétaire ou commerçant; la propriété sera recherchée à sa véritable valeur ; elle pourra se réparer, s'accroître et faire vivre les travailleurs qu'elle retiendra, au lieu de les envoyer encombrer les grandes cités; oh ! faites bien vite paysan ce grand seigneur, le capital, et vous lui rendrez ce qui lui manque aujourd'hui, les entrailles.

Avant de quitter ce sujet, je viens donner encore quelques chiffres qui ont ici leur éloquence : la petite propriété en France emprunte 160 millions par an sur obligation, dont la moyenne ne dépasse pas 400 fr.!! Et elle acquitte, avec l'intérêt et les frais d'obligation, d'enregistrement, d'hypothèque, une rente de 16 millions! 16 millions d'intérêt fournis pour conserver une quantité de propriété qui ne produit pas au-delà de 4 millions! d'où annuellement 12 millions de déficit! Eh bien! le calcul est fait; à ce compte-là, dans 25 ans, si les conditions de la propriété sont les mêmes, elle aura passé dans les mains de l'usure. Le petit propriétaire sera un mithe, vous n'aurez plus que des fermiers!

La petite propriété, le petit commerce ont besoin et ont droit au capital qui leur manque et qu'ils garantissent; c'est pour eux une chose indispensable, de première nécessité. Or, d'après les socialistes, l'Etat a qualité pour faire concurrence au capital, comme il a qualité pour exploiter à son profit toutes les choses de première nécessité auxquelles tout le monde a droit au meilleur marché possible; c'est son droit, c'est son devoir.

Je ne place ici aucun développement, mais sommairement je puis dire que les socialistes pensent, avec la plus grande raison, que l'Etat doit s'interposer partout où une chose de nécessité générale est la propriété exclusive de quelques spéculateurs qui en disposent.

Ainsi, ils veulent que l'Etat reprenne au plutôt les chemins de fer qu'il n'aurait jamais dû concéder; il eût ainsi évité un coup de filet d'un milliard jeté par les banquiers sur les petits capitalistes, volés et revolés dans cet agiotage effréné. Il eût, de plus, conservé entre ses mains les voies par lesquelles la prospérité d'un Etat s'écoule et se régularise.

Les assurances contre tous les risques, incendie, inondation, grêle, navigation, remplacement, tontines de prévoyance, doivent rentrer dans les domaines de l'État et faire partie de la perception. L'assurance mutuelle, ainsi établie dans toute la France et pour chaque citoyen, serait un des plus grands bienfaits d'une société régulière. Plus de ruine subite, plus de désastres irréparables. Sait-on combien prélèvent de bénéfices les sociétés d'assurances sur les assurés? Pas moins de 300 millions! Et la garantie n'est pas complète encore, puisque chaque compagnie peut, dans un grand désastre, succomber elle-même.

Les richesses houillères doivent aussi rentrer dans les mains de l'État. Il est vexatoire pour l'intérêt général que quelques individus possèdent la chose indispensable à la prospérité de de toute une province et puissent en disposer selon leur caprice ou leur ambition insatiable. Demandez aux hommes les plus prudents de Saint-Etienne ce qu'ils pensent du monopole? Qui ne voit qu'une société, ainsi favorisée d'une concession générale, c'est une monstruosité? Elle extrait où bon lui semble, achète à des prix fous les concessions partielles, accapare les puits, les carrières, les voies de fer qui y aboutissent; alors, maîtresse absolue, la compagnie dicte ses lois, élève ses prix en proportion des sacrifices qu'elle a faits pour conquérir le pouvoir absolu, rançonne l'ouvrier, fait tomber, quand il lui plaît, certaines industries qui consomment énormément du combustible, et se substitue à elles au grand scandale de l'honnêteté publique.

Chacun de ces services, semblable au service des postes, qui comporte un aussi grand détail, fonctionnerait au profit de tous et donnerait un essor inouï à la prospérité publique.

En résumé, concurrence au capital par l'Etat, à l'aide des banques d'Etat et des banques hypothécaires; concurrence aux monopoleurs dans toutes les choses d'intérêt général, assurances, transports, voies de communication, richesses houillères, greniers d'abondance. Réduction de la rente aussitôt que cette opération sera possible. Impôt sur la rente et les opérations de bourse. Dégrèvement de tout impôt pesant sur l'absolu nécessaire. Impôt progressif sur le revenu net, jusqu'à l'époque où les banques hypothécaires et d'Etat permettront de supprimer peu à peu toute espèce d'impôt. Telles sont les idées générales de réformes financières, qui préoccupent les socialistes, et dans lesquelles ils voient la source de revenus immenses pour l'Etat, le moyen de réalisation des réformes sociales dans l'organisation du travail, dans la diffusion de l'instruction, dans la moralisation des masses, dans la suppression de la prostitution, en lui enlevant les malheureuses que la misère y pousse, dans les secours indispensables à la propriété, à la prospérité de l'agriculture, etc., etc.; en un mot, le moyen de réaliser cet axiôme socialiste qui si longtemps a paru paradoxal aux économistes, augmenter les recettes et diminuer les impôts.

Voilà un succinct aperçu des réformes qui sont l'objet des études socialistes, voilà ce qu'elles veulent, ce que vous serez obligés d'accorder avant peu.

Si quelques réformateurs s'aventurent plus avant, vous pouvez ne pas les suivre, mais vous ne devez pas trop les maudire. Ils creusent péniblement un sentier dans lequel ils ne trouvent que ronces et épines, et cependant dans ce premier sillon, si péniblement creusé, vous viendrez plus tard semer et récolter pour l'humanité.

Dans toutes les écoles il y a des systhématiques plus ou moins aventureux qui, dévorés du désir de découvrir, ne songent à rien moins qu'à transformer la science; le besoin de leur cause les force à une discussion perpétuelle ; la fausseté même du but qu'ils poursuivent, les met dans la nécessité de chercher toujours, de creuser encore, de découvrir chaque jour quelque vérité; ces hommes, une fois disparus, leur système tombe; alors nous venons, nous ecclectiques, recueillir une partie de leurs dépouilles pour en enrichir la pratique !

A chacun sa part. Le systématique est l'homme le plus utile dans le dogme, c'est lui qui fait progresser la science, et c'est lui qui ne recueille jamais le fruit de son labeur. Le praticien, au contraire, se traîne sur les pas du pionnier systématique, il ne fait jamais progresser la science, mais il la constitue petit à petit de tous les faits précieux, perdus au milieu des volumineux matériaux délaissés par le théoricien à l'indifférence de ses contemporains.

Rappelons-nous que ces hommes singuliers qui, dans le 16me siècle, cherchaient avec tant

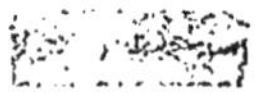

d'ardeur la transmutation des métaux, la pierre philosophale, nous ont laissé en poursuivant leur but imaginaire et impossible, la science la plus utile à l'humanité; les alchimistes ont constitué ainsi la chimie et l'ont enrichie d'immenses découvertes qui jamais, sans eux, n'eussent vu le jour.

Rappelons-nous que la quadrature du cercle, cette pierre philosophale des mathématiques, que la recherche du mouvement perpétuel, cette autre chimère de la mécanique, ont fait découvrir en physique et en mathématique plus de problèmes utiles, que nous en découvrirent ensemble tous les professeurs émérites de sciences pendant un siècle!

Ne suivons donc pas aveuglément les systématiques dans leur enthousiasme, mais observons-les. Profitons, sans morgue et sans orgueil blessé, des découvertes favorables au bonheur de l'humanité. Sachons appliquer à temps les vérités utiles, de crainte que leur évidence ne serve de phare trompeur aux hommes que l'espérance seule soutient.

Cessons donc de nous injurier! que tous les hommes impartiaux, que tous les hommes de cœur, se tendent la main sur le terrain des réformes équitables et urgentes; que la discussion pacifique du progrès puisse enfin commencer à l'avantage de l'humanité qui souffre, et que la fraternité, ce trait d'union, indispensable entre la liberté et l'égalité, ne soit plus une vaine formule du langage religieux et pratique, mais bien un acte de charité fervente.

Je termine par une réflexion sur les partis.

L'opinion politique qu'un homme professe est presque toujours le résultat du hazard de sa naissance ou de ses intérêts. Ici, un enfant naît, le fils d'un Larochejacquelin, il sera royaliste. Cet autre naît, le fils d'un conventionnel ou d'un prolétaire, il sera démocrate, et cela de la même manière que le fils d'un catholique vit et meurt catholique comme le fils du protestant vit et meurt protestant. Donc, *le plus souvent*, il est aussi ridicule de se reprocher les opinions politiques que l'on professe, qu'il le serait, de reprocher à un enfant le culte dans lequel il a été élevé, qu'il le serait à un noir de reprocher au blanc la couleur de sa peau; il y a quelques exceptions, elles sont toutes en général l'expression d'une vive conviction et respectables au même titre : la noble maison des Mirabeau donna au peuple son premier tribun, la petite bourgeoisie a donné aux rois Berryer, comme dernier défenseur de leur couronne; mais ce ne sont là que des exceptions qui n'infirment pas la règle.

Ce point de vue doit nous rendre indulgens les uns pour les autres. Nous devons combattre les opinions *toujours*, sans cesser d'estimer les hommes estimables à quelque opinion qu'ils appartiennent. La discussion seule amène des concessions, mais c'est à la condition qu'elle fait appel à la conviction et non à la colère. Les ruptures qui surviennent entre les personnes pour cause d'opinion, si elles s'estimaient auparavant, sont aussi absurdes que brutales. Nul n'a le droit de nourrir des convictions s'il ne donne le même droit à son semblable; en dehors de cela il y a despotisme.

Que la polémique continue au grand avantage de la lumière; que les partis se combattent au grand jour, avec bonne foi, *jeu sur table;* que les besoins de la discussion s'éloignent autant que possible des personnalités; que lorsqu'elle doit y toucher, ce soit avec cette réserve bienséante qui indique, sinon un faux ménagement, au moins un désir sincère de blesser le moins possible. Que les hommes cessent de s'inspirer au bruit des orages révolutionnaires. Discutons enfin et cessons de disputer.

BIBLIOTHÈQUE NATIONALE R.F. IMPRIMÉS

ERRATA.

Pages :	Lignes :	Lisez :	Au lieu de :
16	20	prolétaires	propriétaires.
21	23	frustré	fustré.
34	11	Constitution	Consitution.
43	25	éclatante	élatante.
50	23	inviolabilité	inviolabité.
54	4	inviolabilité	inviolabité.
62	12	possible	posible.

www.ingramcontent.com/pod-product-compliance
Ingram Content Group UK Ltd.
Pitfield, Milton Keynes, MK11 3LW, UK
UKHW012237240726
13966UKWH00003B/1136